චතුරාර්ය සත්‍යාවබෝධයට ධර්ම දේශනා....

සුගතියට යන
සැලැස්මක්...

පූජ්‍ය කිරිබත්ගොඩ ඤාණානන්ද ස්වාමීන් වහන්සේ

චතුරාර්ය සත්‍යාවබෝධයට ධර්ම දේශනා....

සුගතියට යන සැලැස්මක්
පූජ්‍ය කිරිබත්ගොඩ ඤාණානන්ද ස්වාමීන් වහන්සේ

© සියලුම හිමිකම් ඇවිරිණි.
ISBN : 978 955 8865 84 2

ප්‍රථම මුද්‍රණය : ශ්‍රී බු.ව. 2554 ක් වූ මැදින් මස පුන් පොහෝ දින
දෙවන මුද්‍රණය : ශ්‍රී බු.ව. 2556 ක් වූ නිකිණි මස පුන් පොහෝ දින
තෙවන මුද්‍රණය : ශ්‍රී බු.ව. 2556 ක් වූ බක් මස පුන් පොහෝ දින
සිව්වන මුද්‍රණය : ශ්‍රී බු.ව. 2557 ක් වූ වප් මස පුන් පොහෝ දින

- සම්පාදනය -
මහමෙව්නාව භාවනා අසපුව
වඩුවාව, යටිගල්ඔළුව, පොල්ගහවෙල.
දුර : 037 2244602
info@mahamevnawa.lk | www.mahamevnawa.lk

- පරිගණක අකුරු සැකසුම, පිටකවර නිර්මාණය සහ ප්‍රකාශනය -
මහාමේඝ ප්‍රකාශකයෝ
වඩුවාව, යටිගල්ඔළුව, පොල්ගහවෙල.
දුර : 037 2053300, 0773216685
mahameghapublishers@gmail.com | www.mahameghapublishers.com

- මුද්‍රණය -
ලීඩ්ස් ග්‍රැෆික්ස් (පුද්.) සමාගම,
අංක 356 E, පන්නිපිටිය පාර, තලවතුගොඩ.

චතුරාර්ය සත්‍යාවබෝධයට ධර්ම දේශනා....

සුගතියට යන සැලැස්මක්

පූජ්‍ය කිරිබත්ගොඩ ඤාණානන්ද ස්වාමීන් වහන්සේ
විසින් පවත්වන ලද සදහම් වැඩසටහන් වලදී දේශනා කරන ලද
සූත්‍ර දේශනා ඇසුරෙනි.

මහාමේඝ
MAHAMEGHA

ප්‍රකාශනයකි

පෙළගැස්ම....

"දසබලසේලප්පභවා නිබ්බානමහාසමුද්දපරියන්තා
අට්ඨංග මග්ගසලිලා ජිනවචනනදී චිරං වහතූති"

දසබලයන් වහන්සේ නමැති ශෛලමය පර්වතයෙන් පැන නැගී
අමා මහා නිවන නම් වූ මහා සාගරය අවසන් කොට ඇති
ආර්ය අෂ්ටාංගික මාර්ගය නම් වූ සිහිල් දිය දහරින් හෙබි
උතුම් ශ්‍රී මුඛ බුද්ධ වචන ගංගාව
(ලෝ සතුන්ගේ සසර දුක නිවාලමින්)
බොහෝ කල් ගලාබස්නා සේක්වා!

(සළායතන සංයුත්තය - උද්දාන ගාථා)

නමෝ තස්ස භගවතෝ අරහතෝ සම්මාසම්බුද්ධස්ස
ඒ භාග්‍යවත් අරහත් සම්මා සම්බුදුරජාණන් වහන්සේට නමස්කාර වේවා!

01.
සංඛාරුප්පත්ති සූත්‍රය

(මජ්ඣිම නිකාය 3 - අනුපද වර්ගය)

පින්වතුනි, පින්වත් දරුවනි,

භාග්‍යවත් බුදුරජාණන් වහන්සේ දෙව් මිනිසුන් කෙරෙහි පතළ මහා කරුණාවෙන් තමයි ධර්මය දේශනා කළේ. දෙව් මිනිසුන්ගේ ජීවිත සුවපත් කරවීම පිණිසමයි ධර්මය කියා දුන්නේ. ඒ ධර්මයෙන්, මේ ජීවිතයේ ආරක්ෂාව සලසනවා. ඒ වගේම පරලොව ජීවිතයේ ආරක්ෂාවත් මැනවින් සලසා දෙනවා.

එසේ නම් මෙලොව පරලොව දෙකේම ආරක්ෂාව සලසා ගැනීමේ වටිනා අර්ථය ඇතුව තමයි, අපත් ඒ ධර්මය ශ්‍රවණය කරන්නට ඕන. ධර්මය අහන්න සලස්සවන්න ඕනත් ඒ අර්ථයෙන්මයි. එහෙම නැතිව තාවකාලික විනෝදයකට අහන්න තියෙන දෙයක් නම් නෙමෙයි.

බුදුරජාණන් වහන්සේගේ ධර්මයෙන් මෙලොව ජීවිතයේ ආරක්ෂාවට පත්වුණු කෙනෙකුට, එයාගේ

පරලොව ජීවිතයත් ආරක්ෂා වන ආකාරය ගැන සඳහන් වෙන දේශනාවක් තමයි අද අපි ඉගෙන ගන්නේ. මේ දේශනාවේ නම 'සංඛාරුප්පත්ති සූත්‍රය.' ඒ කියන්නේ සංස්කාරයන්ගේ උපත ගැන වදාළ දෙසුම. මේ දේශනය මජ්ඣිම නිකායෙයි ඇතුළත් වෙලා තියෙන්නේ.

සංස්කාරයන්ගේ උපත ගැන කියන්නම්

මේ සංඛාරුප්පත්ති සූත්‍රය දේශනා කරන දවස්වල බුදුරජාණන් වහන්සේ වැඩසිටියේ සැවැත් නුවර ජේතවනාරාමයේ. එදා බොහෝ භික්ෂූන් වහන්සේලා පිරිසක් අමතා බුදුරජාණන් වහන්සේ මෙන්න මෙහෙම වදාළා.

"**(සංඛාරුප්පත්තිං වෝ භික්ඛවේ, දේසිස්සාමි)** පින්වත් මහණෙනි, සංස්කාරයන්ගේ උත්පත්තිය ගැන මම ඔබට දේශනා කරන්නම්. සවන් යොමා අහන්න. හොඳට නුවණින් මෙනෙහි කරන්න. මම කියා දෙන්නම්."

ඔන්න දැන් බුදුරජාණන් වහන්සේ සංස්කාරයන්ගේ උපත ගැන විස්තර කරනවා.

වටිනා ගුණ ධර්ම පහකින් යුක්තව ...

කෙනෙක් මේ ජීවිතයේදී ඇතිකරගෙන තියෙන අපූරු, වටිනා ගුණ ධර්ම පහක් ගැන බුදුරජාණන් වහන්සේ ඉස්සරවෙලාම කියා දෙනවා.

"මහණෙනි, කෙනෙක් **(සද්ධාය සමන්නාගතෝ හෝති)** ශ්‍රද්ධාවෙන් යුක්ත වෙලා වාසය කරනවා. **(සීලේන සමන්නාගතෝ හෝති)** සීලයෙනුත් යුක්ත වෙලා වාසය කරනවා. **(සුතේන සමන්නාගතෝ හෝති)** අසන ලද ධර්ම ඥාණයකින් යුක්තව වාසය කරනවා. **(චාගේන**

සමන්නාගතෝ හෝති) ත්‍යාගයෙනුත් යුක්තවෙලා වාසය කරනවා. **(පඤ්ඤාය සමන්නාගතෝ හෝති)** ඒ වගේම ප්‍රඥාවෙන් යුතුව වාසය කරනවා. එහෙනම් මෙයා ඇති කරගෙන තියෙන්නේ ශ්‍රද්ධා, සීල, සුත, චාග, ප්‍රඥා කියන සේඛ බල පහ කියලා දැන් අපට තේරෙනවා.

කැමති නම් රජ ගෙදර ඉපදෙන්න පුළුවන්

ඉතින් ඒ සේඛ බල පහ තමන්ගේ ජීවිතයේ ඇතිකරගෙන ඉන්න කෙනාට මෙන්න මෙහෙම අදහසක් ඇතිවෙනවා, '**(අහෝ වතාහං කායස්ස භේදා පරම්මරණා ඛත්තිය මහාසාලානං සහව්‍යතං උප්පජ්ජෙය්‍යන්ති)** අනේ.... මට මරණින් පස්සේ වැදගත් රජ පවුලක ඉපදෙන්න ඇත්නම්...!' කියලා.

ඊළඟ ජීවිතේ රජ පවුලක ඉපදෙන්න අදහස ආවට පස්සේ, **(සෝ තං චිත්තං දහති)** එයා හිත පිහිටුවා ගන්නවා මනුස්ස ලෝකයට. **(තං චිත්තං අධිට්ඨාති)** ඒ හිත තමයි එයාගෙ අධිෂ්ඨානය හැටියට පවතින්නේ. **(තං චිත්තං භාවේති)** ඒ සිත වඩනවා. **(තස්ස තේ සංඛාරා ච)** චේතනාවන් පහළ කරලා එයා කරපු දේ, **(විහාරා ච)** එයාගෙ පැවැත්මයි. **(ඒවං භාවිතා ඒවං බහුලීකතා)** ඒක එයා බහුල වශයෙන් පුරුදු කරපු නිසා, **(තත්‍රූපපත්තියා සංවත්තන්ති)** එයා එහි ඉපදීමට ඒක හේතු වෙනවා. මිනිස් ලෝකයේ රජ පවුලක ඉපදෙන්න තියෙන ප්‍රතිපදාව මේක තමයි කියලා බුදුරජාණන් වහන්සේ පෙන්වා දෙනවා.

ඉපදෙන්න අකමැති වුණු පමණින්, ඒක සිද්ධ වෙන්නෙ නැහැ

මනුෂ්‍යයෙකුට ආරක්ෂිතව උපතක් කරා යන්න

පුළුවන් ආකාරයත් බුදුරජාණන් වහන්සේ ඒ විදිහට පෙන්වා දුන්නා. ඒ වගේම ඔබට මතකද, දුක්ඛ ආර්ය සත්‍යය විස්තර කරද්දී, **(අහෝ වත මයං න ජාතිධම්මා අස්සාම)** 'අනේ... මං ආයෙ ඉපදෙන්න එපා! **(න ච වත නෝ ජාති ආගච්ඡෙය්‍යන්ති)** අනේ... ඉපදීම කියන එක මගේ ජීවිතයට එන්න එපා' කියලා හිතනවා. එයා ඒක කැමති වෙනවා. නූපදින්න එයා කැමතියි. නමුත් බුදුරජාණන් වහන්සේ එතැනදී දේශනා කරනවා, **(න බෝ පනේතං ඉච්ඡාය පත්තබ්බං)** කැමති වුණු පමණින් ඒක කවදාවත් සිද්ධ වෙන්නෙ නෑ කියලා.

ඉපදෙන්න එපා කියන්නේ නම් නුවණින් තොරවයි

මේ ධර්මය අනුවණින් මෙනෙහි කරන සමහර අය ඉන්නවා. අන්න ඒගොල්ලෝ නුවණින් තොරව ධර්මය මෙනෙහි කරලා මෙහෙම කියනවා. "අනේ... මට නම් කොහේවත් ඉපදෙන්න එපා! අනේ.... මම නම් ඉපදෙන්න කැමති නෑ" කියලා. එහෙම කිය කියා ඉන්නවා. ඒකට හේතුව මොකක්ද? එයා දන්නෙ නෑ මේ ජීවිතයේ සැබෑ තත්වය ගැන. එයා දන්නෙ නෑ කර්ම - කර්ම විපාක පිළිබඳව. එයා දන්නෙ නෑ අනිවාර්යයෙන්ම කර්මානුරූපව උපදිනවා කියලා. ඉතින් "කොහේ ඉපදුණත් දුකයි, ඒ නිසා මට නම් ඉපදෙන්න ඕන නෑ" කියලා එයා හිතුවට, ඉපදෙන්නෙ නැතුව යන්නෙ නෑ.

එයා තුළ ඇතිවෙලා තියෙන්නේ යම් ආකාරයේ කර්ම විපාක නම්, යම් ආකාරයේ සංයෝජන නම්, යම් ආකාරයේ ආශ්‍රව නම්, එතැන වැඩ කරන්නේ හේතු ඵල ධර්මයක්. ඒ නිසා මරණින් මත්තේ එයා ඒ හේතුන්ට අනුකූල වූ ඵලයක් කරා යනවා.

නුවණ තියෙන කෙනා සතර අපායෙන් මිදිල සුගතියේ උපතකට කැමතියි

ධර්මය නුවණින් විමසන කෙනා ජීවිතයේ සැබෑ තත්වය ගැන දන්නවා. කර්ම - කර්ම විපාක එයා හොඳහැටි දන්නවා. එයා දන්නවා, අනිවාර්යයෙන්ම කර්මානුරූපව ඉපදෙන බව. කර්මානුරූපව උපදිනවා කියල දන්න කෙනා හිත පිහිටුවා ගන්න ඕන, 'අනේ මම උපදින්න එපා' කියන අදහසේ නෙවෙයි. එයා හිත පිහිටුවා ගන්නේ 'අනේ... මම සතර අපායේ නොයා සුගතියේ ඉපදෙන හැටියට වැඩ කරගන්නවා' කියලයි. මේ බුද්ධ දේශණාව සම්පූර්ණයෙන්ම ඉගෙන ගනිද්දී ඔබට තේරුම් යාවි, මොනතරම් අර්ථ සහිත දේශණයක්ද කියලා.

බ්‍රාහ්මණ පවුලක ඉපදෙන්නත් පුළුවන්

ඊළඟට බුදුරජාණන් වහන්සේ දේශණා කරනවා "පින්වත් මහණෙනි, තවත් විදිහක් තියෙනවා. භික්ෂුව ශ්‍රද්ධාවෙන් යුක්ත වෙනවා. සීලයෙන් යුක්ත වෙනවා. ශ්‍රැතයෙන් යුක්ත වෙනවා. ඊට පස්සෙ එයා මෙහෙම හිතනවා, 'අනේ මරණින් මත්තෙ මට ඉහළ බ්‍රාහ්මණ පවුලක ඉපදෙන්න ඇත්නම්' කියල. ඒ අදහසේ හිත පිහිටුවා ගන්න කියලා දේශණා කරනවා. ඒ තුළ හිත පිහිටුවාගෙන ඒක බහුල වශයෙන් වැඩුවම, එයා ගිහින් මරණින් මත්තෙ, ඉහළ බ්‍රාහ්මණ පවුලක ඉපදෙනවා කියල දේශණා කරනවා.

මෙයින් අපට හොඳට පැහැදිළි වෙනවා ධර්මයේ හැසිරෙන කෙනෙකුට අවශ්‍ය විදිහට මේ ගමන හසුරුවා ගන්න පුළුවන් බව.

භූමාටු දෙවියන්ට අධර්මය ලැබෙන්න ඉඩ තියෙනවා...

ඔබට මතක ඇති, මා නිතරම කියනවා, මේ යුගයේ මනුෂ්‍ය ලෝකයට ඇවිත් ධර්මය තුළ අපට මොකුත් කරගන්න බැහැ කියලා. දෙවියන් අතරට ගියොත් නම් ධර්මයේ හැසිරෙන්න අවස්ථාවක් ලැබෙනවා. දෙවියන් අතරට කිව්වට, මේ භූමාටු දෙවියෙක් වෙලා නම් හරියන්නේ නෑ. එහෙම කියන්නේ භූමාටු දෙවියන්ට අධර්මය අහන්න තියෙන අවස්ථාව වැඩි නිසයි. අධර්මයක් ඇහුණු ගමන් ඒ දෙවිවරුන්ට නොමග යන්න තියෙන අවස්ථාව අපටත් වඩා වැඩියි. ඒ නිසා භූමාටු දෙවිවරුන්ට නම් විශාල අනතුරක් තියෙනවා.

ඒ නිසා ධර්මය ලැබෙන දෙව්ලොවක් අපට හොඳයි

අපට තුසිත දිව්‍ය ලෝකයට වගේ යන්න පුළුවන් නම්, එහේ නම් අනාථපිණ්ඩික දෙවියන් ආදී දෙවිවරු, මගඵලලාභී දෙවිවරු කැමති තරම් ඉන්නවා. එහෙම මිසක් නිකම්ම වෘක්ෂ දේවතාවෙක් වෙලා නම් හරියන්නේ නෑ. එතකොට ඔබට තේරෙනවා ඇති, තමන්ගෙ රැකවරණය තමන් ම සලසා ගැනීම, අපි හිතාගෙන ඉන්න තරම් ලේසි දෙයක් නොවෙන වග. ඒ වගේ ධර්මය ලැබෙන ලෝකයකට යන්න නම් තමන් ජීවිතය ගැන මොනතරම් දැනුවත් වෙලා ඉන්න ඕනද කියන එක තේරුම් ගන්න.

ගෘහපති පවුලක කැමති නම්, ඒත් පුළුවන්...

ඊළඟට බුදුරජාණන් වහන්සේ දේශණා කරනවා, ශ්‍රද්ධා, සීල, සුත, චාග, ප්‍රඥා ඇතිකරගෙන ඉන්න කෙනා,

ගෘහපති පවුලක ඉපදෙන්න කැමති නම් ඒකත් කරන්නත් පුළුවන් කියලා.

ඒ විදිහට තමන් කැමති තැනක ඉපදෙන එක හැමෝටම කරන්න පුළුවන් දෙයක් නෙවෙයි. සේඛ බල හොඳට පිහිටලා තියෙන කෙනාට විතරයි ඒ විදිහට හිත පිහිටුවලා, සිතින් අධිෂ්ඨාන කරලා, ඒකටම හිත ප්‍රගුණ කරලා, ඒ විදිහට සංස්කාර බහුල වශයෙන් ප්‍රගුණ කරගෙන, හේතු සකස් කරගෙන තමන් කැමති තැන ඉපදෙන්න පුළුවන් වෙන්නේ. එහෙමනම් අපිත් කරන්න ඕන, කොහොමහරි හොඳින් සේඛ බල ඇති කරගන්න එකයි. එහෙනම් ශ්‍රද්ධා, සීල, සුත, චාග, ප්‍රඥා කියන මේ සේඛ බල පහ ගැන අපිත් හොඳට තේරුම් ගන්න ඕන.

බුදු ගුණ ගැන විශාල පැහැදීමක් ...

එහෙනම්, දැන් අපි පොඩ්ඩක් කල්පනා කරලා බලමු ශ්‍රද්ධාවෙන් සමන්විත වෙනවා කියන්නේ මොකක්ද කියලා. ශ්‍රද්ධාව තියෙන කෙනාට බුදුරජාණන් වහන්සේගේ අවබෝධය ගැන විශාල පැහැදීමක් තියෙනවා. ඒ අවබෝධය නිසයි බුදුරජාණන් වහන්සේ නිකෙලෙස් බවට පත්වුණේ. ඒ හිතේ කෙලෙස් නෑ. නිකෙලෙස් සිතක් නිසා, උන්වහන්සේ 'අරහං' වන සේක, ඊළඟට 'සම්මාසම්බුද්ධ' වන සේක, 'විජ්ජාචරණසම්පණ්ණ' වන සේක, 'සුගත' වන සේක, 'ලෝකවිදූ' වන සේක, 'අනුත්තරෝ පුරිසදම්මසාරථී' වන සේක, 'සත්ථා දේවමනුස්සානං' වන සේක, 'බුද්ධ' වන සේක, 'භගවා' වන සේක කියල මේ බුදු ගුණ ගැන තේරුම් අරගෙන ඒ ගුණවලට පැහැදෙනවා.

නිවනට අකමැති ශ්‍රද්ධාවක්?

එතකොට කෙනෙකුට හිතෙන්න පුළුවන්, 'මටත්

මේ ශ්‍රද්ධාව තියෙනවා නේද' කියලා. නිකම්ම බැලූ බැල්මට පේන්න නම් පුළුවන් එයාට ශ්‍රද්ධාව තියෙනවා වගේ. නමුත්, එයා කතා කරද්දී, එයා විරුද්ධ නම් නිවනට, එයා විරුද්ධ නම් චතුරාර්ය සත්‍යය අවබෝධ කරනවට, එයාගෙ පැහැදීම හැබෑ පැහැදීමක් නම් නෙවෙයි. 'මේ කාලේ නිවන් දකලා හරියන්නේ නෑ. නිවනට වුවමනා බණ කියලා හරියන්නේ නැහැ' කියලා කෙනෙක් කිව්වොත්, පහර වදින්නේ කාටද? ඒ පහර දෙන්නෙ බුදුරජාණන් වහන්සේටයි. බුදුරජාණන් වහන්සේ තමයි චතුරාර්ය සත්‍යය අවබෝධ කරගන්න, නිර්වාණය තමයි උතුම් සැපය කියලා අපට දේශනා කළේ. එතකොට ඒක ප්‍රතික්ෂේප කරනවා නම් එයාට ශ්‍රද්ධාව කියලා දෙයක් තියෙන්න විදිහක් නැහැ.

ධර්මය විශ්වාස නැති ශ්‍රද්ධාවක්?

දවසක් බුද්ධගයා භූමියේදී, ස්වාමීන් වහන්සේ නමක් එක්ක බුදුරජාණන් වහන්සේගේ බුද්ධ දේශනාවක් මතු කරලා, බුද්ධ දේශනා ගැන ප්‍රශංසා කරමින් මා කතා කළා. එතකොට ඒ හාමුදුරුවෝ කියනවා,

"හා... හා... එහෙම කියන්න එපා! ආනන්ද හාමුදුරුවන්ට වැරදුණාවත් ද කියලා කවුද දන්නේ?"

"ස්වාමීන් වහන්ස, එහෙනම් වැරදුණේ ආනන්ද හාමුදුරුවන්ට නෙමෙයි, වැරදුණේ බුදුරජාණන් වහන්සේටයි. බුදුරජාණන් වහන්සේ තමයි, ආනන්ද හාමුදුරුවෝ මතක තබාගැනීමේ ශක්තිය ඇති අය අතරින් අග්‍රයි කියලා කිව්වේ."

දැන් බලන්න, ගැහුවෙ කාටද? වැදුනෙ කාටද? එහෙනම් මතක තියාගන්න, ශ්‍රද්ධාව කියන්නෙ නිකං අපට හිතෙන ජාතියේ දෙයක් නෙවෙයි.

දෘෂ්ටි පිරුණු ශ්‍රද්ධාවක්...?

අපට පේනවා නම් කෙනෙක් චෛත්‍යය වන්දනා කරනවා, මල් පූජා කරනවා, හොඳට දිගැදිලා වඳිනවා, එතකොට එයා දිහා බලලා කියනවා පැහැදිච්ච කෙනෙක් කියලා. උදේ සවස බුද්ධ පූජාවල් තියෙනවා නම් එතකොටත් අපට හිතෙනවා, ඒ නම් ශ්‍රද්ධාවන්තයෙක් කියලා. එයත් එයාව හඳුනාගන්නවා ශ්‍රද්ධාව තියෙන කෙනෙක් කියලා. නමුත් කතා කළාම එයා ඉන්නේ දෘෂ්ටි ජාලයක නම්, නිවන ගැන අවබෝධයක් නැත්නම්, නිවන කියලා කියන්නේ බුදුරජාණන් වහන්සේ සාරාසංඛ්‍ය කල්ප ලක්ෂයක් පෙරුම් දම් පුරලා අවබෝධ කරගත්තු විසඳුමයි කියලා එයා දන්නෙ නැත්නම්, ආර්ය අෂ්ටාංගික මාර්ගය ගැන එයාගෙ පැහැදීමක් නැත්නම්, මාර්ගඵල ගැන පැහැදීමක් නැත්නම්, බුදුරජාණන් වහන්සේට පූජාවල් තිබ්බ පමණින් එයා ශ්‍රද්ධාවන්තයෙක්ද? නැහැ. ඒ වගේ අය ඕන තරම් ඉන්නවා, හැබැයි නියම විදිහේ ශ්‍රද්ධාවක් නම් නැහැ.

සාමාන්‍ය කරදර නොලැබිය යුතු ශ්‍රද්ධාව?

නිතර බුදුරජාණන් වහන්සේට වන්දනා කරන, ධර්මයත් ඉගෙන ගන්න, භාවනා කරන්නත් උත්සාහයක් ගන්න ශ්‍රද්ධාවන්තයි කියලා හිතෙන කෙනෙක් ඉන්නවා. ඔන්න එයාට ලෙඩ දුක් කරදර එනවා, හදිසි අනතුරුවලට භාජනය වෙනවා, එක්කෝ සතුරු උවදුරු වලින් කරදර ඇතිවෙනවා, නිස්කාරණේ නින්දා අපහාසවලට ලක් වෙනවා. එතකොට එයාට මෙහෙම හිතෙනවා, 'අනේ මං මෙච්චර බුදුරජාණන් වහන්සේව සිහි කරනවා, මෙච්චර බණ අහනවා, එහෙව් මට ඇයි මේ විදිහට කරදර

වෙන්නේ' කියලා. එහෙම හිතුවා නම් එයාගෙ ශ්‍රද්ධාව වැරදියි. එයාට තියෙන්නෙ අසම්පූර්ණ ශ්‍රද්ධාවක්.

ශ්‍රද්ධාව ඇතිවෙන්නෙ නුවණින් විමසන කෙනාටයි

ශ්‍රද්ධාව තියෙන්න ඕන සේඛ බලයක් හැටියටයි. එයාට නිවන ගැන, චතුරාර්ය සත්‍යය ගැන, ආර්ය අෂ්ටාංගික මාර්ගය ගැන පැහැදීමක් තියෙනවා. එයාට බුද්ධ දේශනා ගැන පැහැදීමක් තියෙනවා. එයා බුද්ධ දේශනා ශ්‍රවණය කරලා, ඒ ගැන නුවණින් විමසනවා. ශ්‍රද්ධාවේ පිහිටන කෙනාට අනිවාර්යෙන්ම ඕන වෙනවා නුවණින් විමසීම. හැබැ පැහැදීම ඇතිවෙනවා නම්, එයා ධර්මයටත් පැහැදෙනවා. ඒ වගේම ශ්‍රාවකයා කෙරෙහිත් පැහැදීම ඇතිවෙනවා. රහතන් වහන්සේලා ගැන පැහැදීම ඇතිවෙනවා. එයාට දුකක් කරදරයක් ආවම හිතෙන්නේ, 'මම මේ වගේ දුක් දොම්නස් වලින් පීඩා විඳින සංසාරෙන් එතෙර වෙන්නයි බුදුරජාණන් වහන්සේ සරණ ගියේ. මේ දුක් කරදරවලට මුහුණ දෙන්න, ඉපදෙන මැරෙන සංසාරයේ ආවට හොඳ පාඩමක් මට. අනේ... බුදුරජාණන් වහන්සේ නම් සියලු දුක් දොම්නස් වලින් එතෙර වුණානේ. අනේ... ඒ රහතන් වහන්සේලාත් සියලු දුක් කරදර වලින් එතෙර වුණා. මමත් මේ දුකෙන් කවදාහරි නිදහස් කරවන්නේ බුදුරජාණන් වහන්සේගේ ධර්මයෙන්මයි'

ඒ විදිහට හිතෙනවා නම් එයා නිවැරදියි. එයා තමයි ධර්ම මාර්ගයට එන කෙනා. එහෙම ආපු කෙනා නුවණින් කල්පනා කරලා බුදුරජාණන් වහන්සේ ගැන පැහැදීම ඇති කර ගන්නවා. මේ කියන්නේ ශ්‍රද්ධාව සේඛ බලයක් කරගැනීම ගැනයි.

සේඛ බලයක් හැටියට ශ්‍රද්ධාව පිහිටුවා ගැනීම ලේසි පහසු කටයුත්තක් නොවෙයි. නුවණින් කල්පනා කර කරම හැම තිස්සේම ඒ ශ්‍රද්ධාව පිහිටලා තියෙන්න ඕන. බුදුරජාණන් වහන්සේගේ ධර්මය ගැන නුවණින් විමස විමසා පැහැදිලි ශ්‍රද්ධාවක පිහිටලා තියෙන්න ඕන. ඒ ධර්මය අනුගමනය කරලා එතෙර වුණු රහතන් වහන්සේලා ගැන, ඒ ශ්‍රාවකයින් ගැන හැමතිස්සේම ශ්‍රද්ධාව පිහිටලා තියෙන්න ඕන. මේ කෙනාට තමයි බුදුරජාණන් වහන්සේගේ ගුණ ගැන පැහැදීමක් ඇතිවෙන්නේ. අන්න එයා බුදු ගුණ හඳුනනවා.

සීලය, ශ්‍රද්ධාව තියෙන කෙනාටයි

ඊළඟ බලය තමයි සීලය. ශ්‍රද්ධාව වගේම බලවත්ව තියෙන්න ඕන එකක් තමයි සීලය. දැන් බලන්න, මෙතැනදී මුලට ගත්තෙ මොකක්ද? ශ්‍රද්ධාව තමයි ඉස්සරවෙලාම ඇතිකරගන්න ඕන. එහෙනම් අපි තිසරණයට ඇවිල්ලා තමයි සීලයට එන්නේ. හොඳට මතක තියාගන්න සීලයට ඇවිත් ශ්‍රද්ධාවට එනවා නෙවෙයි. තිසරණය හරියට තිබුණොත් තමයි සීලයේ පිහිටන්න පුළුවන්කම ලැබෙන්නේ.

බුදු නුවණ අභියස අපි කවුද?

ආර්ය අෂ්ටාංගික මාර්ගය දිහා බැලූ බැල්මට පේන්නේ කොහොමද? සම්මා දිට්ඨි, සම්මා සංකප්ප තමයි මුලට තියෙන්නේ. මේ අංග දෙකම අයිති වෙන්නෙ ප්‍රඥා කොටසට. ඊළඟට සම්මා වාචා, සම්මා කම්මන්ත, සම්මා ආජීව තියෙනවා. මේ අංග තුන තමයි සීලය. ඊළඟට සම්මා වායාම, සම්මා සති, සම්මා සමාධි අයිති වෙන්නේ සමාධියටයි. එහෙනම් බැලූ බැල්මට අපට පේන්නේ ප්‍රඥා,

සීල, සමාධි කියන පිළිවෙලටයි ආර්ය අෂ්ටාංගික මාර්ගය තියෙන්නේ කියලා.

සම්මා දිට්ඨිය නිසා ආර්යකාන්ත සීලයකට එනවා

මගෙන් කෙනෙක් දවසක් ඇවිල්ලා මෙහෙම ඇහුවා, "ප්‍රඥා, සීල, සමාධි කියන පිළිවෙලටයි ආර්ය අෂ්ටාංගික මාර්ගයේ තියෙන්නේ. ඉතින් සීල, සමාධි, ප්‍රඥා කියලා පාවිච්චි කරන කතාව වැරදියි නේද?"

"බුද්ධ දේශණාව දනගෙන කියන කතාවක් නම් නෙවෙයි ඔබ කියන්නේ. පොඩ්ඩක් නුවණ පාවිච්චි කරල හිතල බලන්න, බුදුරජාණන් වහන්සේ සම්මා දිට්ඨිය මුල් කරගන්නේ නැතුව ආර්ය අෂ්ටාංගික මාර්ගය පෙන්නුවා නම්, මුලින්ම සම්මා වාචා වලින් පටන් අරගෙන සීලය පෙන්නුවා නම්, එහෙනම් අවබෝධයක් නැති නිසා, මිනිස්සු එක එක විදිහට සිල් රකින්න පටන් අරගෙන සීලබ්බත පරාමාස කරා යයි නේද?'"

එහෙම වුණා නම් ආර්යකාන්ත සීලයකට එන්න බැරි වෙනවා. ආර්යකාන්ත සීලයකට එන්නේ සම්මා දිට්ඨිය නිසයි. සම්මා දිට්ඨිය තිබුණොත් තමයි හරියට ශ්‍රද්ධාවේ පිහිටන්නේ. ඒ ශ්‍රද්ධාව තියෙන කෙනාගේ සීලය ආර්යකාන්ත සීලයක් බවට පත්වෙනවා.

ආර්යකාන්ත සීලය බවට පත්වෙන්නේ තමන් සමාදන් වුණු සීලයයි

ගිහි ජීවිතය ගත කරන අයගෙ ආර්යකාන්ත සීලය පංච ශීලයයි. එයා පොහෝ දිනයේ උපෝසථ සීලය සමාදන් වෙනවා. එදාට එයාගෙ ආර්යකාන්ත සීලය බවට

පත්වෙන්නේ අෂ්ටාංග උපෝසථයයි.

එයාට හිතෙනවා, 'වැඩක් නෑ මේ ගිහි ජීවිතේ හරිම කරදර සහිත එකක්. ඒ නිසා පැවිදි වෙන්න ඕන' කියල එයා පැවිදි වෙලා සාමණේර නමක් බවට පත්වෙනවා. එතකොට එයාගෙ ආර්යකාන්ත සීලය වෙන්නෙ සාමණේර දස සීලයයි. ඊට පස්සේ එයා උපසම්පදාවට පත්වෙනවා. එතකොට ඒ උපසම්පදා සීලය තමයි එයාගෙ ආර්යකාන්ත සීලය වෙන්නේ.

ප්‍රකෘතිමත් කරගන්නා පිරිසිදු ස්ථිර සීලයක්

ආර්යකාන්ත සීලයේ ලක්ෂණය මොකක්ද? හැම තිස්සෙම ඒ සීලය ප්‍රකෘතිමත් කරගනිමින් පිරිසිදුව පවත්වනවා. ඒ පිරිසිදු සීලය ස්ථිරව පවත්වා ගන්නවා. එබඳු සීලයකින් යුතු කෙනා සීලයයි කියල එක එක දෘෂ්ටි පස්සෙ යන්නෙ නැහැ. එයාට සීලය ගැන හොඳ අවබෝධයක් තියෙනවා.

'මම එළවළුයි බතුයි කන කෙනෙක්. ඒ නිසා මං හොඳට පන්සිල් රකිනවා' කියල කෙනෙක් කිව්වොත් ඒක වෙන්න පුළුවන් දෙයක් නෙවෙයි. ආහාරය සීලයට අදාළ නැහැ. ආහාරය සීලයේ අංගයක් නොවෙයි. ඒක රුචිකත්වය පිළිබඳ ප්‍රශ්නයක්. ධර්ම ඥානයක් නැති එක්කෙනා මේ ගැන දන්නෙ නෑ. එයා හිතන්නෙ එළවළුයි, බතුයි සීලයේ අංගයක් කියලයි. සම්මා දිට්ඨිය තිබුණා නම් සීලය පිළිබඳව ඒ වගේ ගැටළු මතුවෙන්නෙ නැහැ.

සීලය නම් සුන්දරයි

සීලය කියන්නේ මොකද්ද? සතුන් මැරීමෙන් වැළකී ඉන්නවා. සොරකමින් වැළකී ඉන්නවා. වැරදි කාම

සේවනයෙන් වැළකී ඉන්නවා. බොරුවෙන්, කේලමින්, එරුස වචනයෙන්, හිස් වචනයෙන් වැළකී ඉන්නවා. බොරු කියන්නෙ නැති කෙනා, කේලම් කියන්නෙත් නෑ. එරුස වචන, හිස් වචන කියන්නෙත් නෑ.

මේ ළඟදි, තරුණ දුවක් මගේ ළඟට ඇවිත් අඬ අඬා කියනවා, "අනේ හාමුදුරුවනේ, අපේ පවුල් ජීවිතය ඉවරයි. නැන්දම්මා කේලම් කියල බිඳෙව්වා." හැබැයි ඒ මැණියො හොඳට ඉතින් භාවනා කරනවලු! ඉතින් ධර්මය හොය හොයා යනවලු! නමුත් තමන් පාවිච්චි කරන වචනයෙන් තමන්ට මොන තරම් හානියක් වෙනවද කියල දන්නෙ නෑ. ඒ වචනයෙන් අනුන්ට වෙන හානිය හිතන්නෙ නෑ. බොහෝ පව් රැස්වෙන එක තමයි සිද්ධ වෙන්නේ. කේලම කියන්නේ හරිම භයානක එකක්.

මේ දුස්සීලකම් අත්හරිමු

එතකොට කෙනෙක් බොරු කියනවා නම් එයා දුස්සීලයි. කේළාම් කියනවා නම් එයා දුස්සීලයි. අනුන්ට ඕපාදූප කියන එක, ගැරහිලි, අපහාස, එරුස වචනය දුස්සීලකමක්මයි. වැඩකට නැති දේවල් කතා කරමින් සිටීම දුස්සීලකමක්. සතුන් මැරීමෙන් වැළකිලා, හොරකමෙන් වැළකිලා, වැරදි කාම සේවනයෙන් වැළකිලා, වැරදි වචන හතරෙන්ම වැළකිලා ඉන්නවා නම් අන්න එයා සීලවන්තයි. ඒ විදිහට සීලවන්තව වාසය කිරීම එයාගෙ සේඛ බලයක්.

සේඛ කියන එකේ තේරුම තමයි හික්මීම. එතකොට එයා ධර්මයේ හික්මෙනවා. එයා ධර්මයේ පුහුණු වෙනවා. ඒ විදිහට ධර්මය පුහුණු වෙන එක්කෙනාට තියෙන හයිය තමයි සීලය.

සූතය කියල කියන්නෙ ඇසීමෙන් ලැබූ දෙයටයි. එහෙනම්, බුදුරජාණන් වහන්සේගේ බුද්ධ දේශණා අපට අහන්න ලැබෙන්නට ඕන. එහෙම වුණොත් විතරයි අපේ දහම් දැනුම සම්පූර්ණ වෙන්නේ. එහෙම නැත්නම් එයාට සූතය නැහැ.

ලැබුණා අපටත් අහන්න පින ලැබුණා!

අපි ශ්‍රවණයෙන් අහල නැත්තම් දුක නම් වූ ආර්ය සත්‍යය ගැන, එහෙනම් අපි දුකේ ඇලිල ඉන්නවා මිසක් ඒකෙ අවබෝධ කළ යුතු දෙයක් තියෙන බව දන්නෙ නැහැ. අපි ශ්‍රවණයෙන් අහල නැත්නම් දුක්ඛ සමුදය ආර්ය සත්‍යය ගැන, එහෙනම් අපි තණ්හාවට යටවෙලා ඉන්නවා මිසක් ඒකෙ අනතුරක් දකින්නෙ නැහැ. අපි ශ්‍රවණයෙන් අහල නැත්නම් දුක්ඛ නිරෝධ ආර්ය සත්‍යය ගැන, ඒකෙ තියෙන සැපය දන්නෙ නැහැ. තණ්හාව නිරුද්ධවීම තමයි නිවන.

බුදුරජාණන් වහන්සේ එක්තරා අවස්ථාවක වදාළා, 'මහණෙනි, මේ හේතුඵල දහමින් හටගත්තු සත්වයාට හේතු ඵල දහමින් හට නොගත්තු නිවන නොතිබුණා නම් විමුක්තියක් නැත' කියලා. මේ නිවන බුදුරජාණන් වහන්සේ නමක් පහළ වෙලා පෙන්වා දෙන්නේ ලෝක සත්වයාට හිතසුව පිණිසමයි. දුක නැතිවීම ගැන ශ්‍රවණය කළේ නැත්නම්, නිවන ගැන පැහැදුණේ නැත්නම්, එයා ඒ ගැන දන්නෙ නැහැ.

අපි ශ්‍රවණයෙන් අහල නැත්නම් දුක්ඛ නිරෝධ ගාමිනී ප්‍රතිපදා ආර්ය සත්‍යය, එහෙනම් අපි නිවන ලබන වැඩපිළිවෙල ගැන දන්නෙ නැහැ. ඒක ශ්‍රවණය වුණේ නැත්නම් අපි ආර්ය අෂ්ටාංගික මාර්ගයක් කියල එකක් දන්නෙ නැහැ.

මේ විදිහට හිතෙනවා නම් ශ්‍රවණය හරියටම හරි!

සූත්‍රය කියන එක සාමාන්‍යයෙන් අපි හිතාගෙන ඉන්න ජාතියෙ එකක් නම් නෙවෙයි. බුදුරජාණන් වහන්සේගෙ කාලේ, ඒ තථාගත අරහත් සම්මා සම්බුදුරජාණන් වහන්සේගෙන්ම, එහෙම නැත්නම් තථාගත ශ්‍රාවකයන් වහන්සේ නමකගෙන් ම පිරිසිදු ධර්මය ශ්‍රවණය කිරීමේ අවස්ථාව තිබුණා. ඒ විදිහට පිරිසිදු ධර්මය ඇහෙන කොට නේද, 'අනේ, මේ සසර නම් දුක් සහිතයි, කරදර සහිතයි. මේ පැවිද්ද නම් ආකාසෙ වගේ. මමත් මේ පැවිදි ජීවිතය ගත කරල මේ දුක් වලින් එතෙර වෙන්නම ඕන' කියල හිතුනෙ? ඉතින් අපටත් වෙන්න ඕනෙ ඒක නේද?

අනේ! පින්වන්ත කුල පුත්‍රයින්!!

බුදුරජාණන් වහන්සේ එක තැනක දී දේශණා කළා, "මහණෙනි, බොහොම ඤාණවන්ත කුල පුත්‍රයො ඉන්නවා, ඒ අය කවදාවත් උඩ තට්ටුවෙන් පහලට බහින්නෙ නැති, රන් මිරිවැඩි සඟල පළඳින, රත්තරන් භාජනයේ රත්තරන් හැන්දෙන් අනුභව කරන, සුවසේ ජීවිතය ගතකරන අය. ඒ අය සියලු භෝග සම්පත් අත්හැරල, ලස්සන බිරිඳ, හැඩකාර දරුවො ඒ ඔක්කොම අත්හැරල, ගිහි ජීවිතය අත්හැරල, අවබෝධ නොකළ චතුරාර්ය සත්‍යය අවබෝධ කරන්න ඕන කියල කසාවත් දරාගෙන, මැටි පාත්‍රයක් අරගෙන ගෙයක් ගෙයක් ගානෙ ගිහින් සිඟමනෙන් ලැබුණු දෙයක් අනුභව කරල, මේ ආර්ය අෂ්ටාංගික මාර්ගයේ හැසිරෙනවා."

එතකොට කොහොමද කෙනෙක් එතනට එන්නේ? ශ්‍රවණයෙන්. බුදුරජාණන් වහන්සේගෙ ධර්මය ශ්‍රවණය

කරන්න නොලැබුණා නම්, එයා කවදාවත් ඒ වගේ විමුක්ති මාර්ගයකට එන්නෙ නැහැ.

සූතය ලබාදෙන කෙනාට කෘතගුණ සලකලා අවසන් කරන්න බැහැ

ගිහිගෙයි වාසය කරන කෙනෙකුට මේ ධර්මය අසන්නට නොලැබුණා නම්, කවදාවත් එයා ශ්‍රද්ධානුසාරී වෙයිද, ධම්මානුසාරී වෙයිද? නැහැ. කවදාවත්ම එහෙම වෙන්නෙ නැහැ. එතකොට බලන්න, ශ්‍රවණය, ශ්‍රැතය, ධර්මය පිළිබඳව ඇසූ බව තමන්ට නැත්නම්, සේඛ බලයක් ලැබෙන්නෙ නෑ. ධර්මය පිළිබඳ ඥාණයක් තිබුණොත් තමයි, තමන්ට සේඛ බලයක් ලැබෙන්නේ. සේඛ බල ඇති කරගැනීම ලේසි එකක් නෙවෙයි. බුදුරජාණන් වහන්සේ දක්ඛිණා විභංග සූත්‍රයෙහි මේ විදිහට දේශණා කළා,

"ආනන්දය, යමෙක් ළඟට ඇවිත්, තවත් කෙනෙක් අවබෝධයෙන්ම තිසරණයේ පිහිටනවා නම්, යමෙක් ළඟට ඇවිත්, අවබෝධයෙන්ම සිල් පද පහ ආරක්‍ෂා කරනවා නම්, යමෙක් ළඟට ඇවිත් සෝතාපත්ති අංග ඇති කරගන්නවා නම්, ඒ පුද්ගලයාට කිසි දවසක සිවුරු, පිණ්ඩපාත, සේනාසන, ගිලන්පස පූජා කරල, කෙළෙහි ගුණ දක්වල ඉවර කරන්න බෑ."

එහෙම කිව්වෙ මොකද? ඒතරම් ම පිළිසරණක් එයින් ලැබෙන නිසයි. ඒ නිසා සූතයේ වැදගත්කම අපි හොඳින් තේරුම් ගන්න ඕන.

දහම් දැනුම හයියක්, නැත්නම් අනතුරක්!

පංච උපාදානස්කන්ධය, ආයතන හය, ධාතු, පටිච්ච සමුප්පාදය වගේ හැම දෙයක්ම බුදුරජාණන්

වහන්සේගෙ ධර්මයෙන් තමයි අපට ශ්‍රවණය කරන්න ලැබෙන්නේ. ඒ ශ්‍රවණය, ඒ සූතය තමයි අපට ලැබෙන ශක්තිය. එහෙම ධර්මඥාණයක් නැති කෙනාට හයියක් නැහැ. ඔය දූන් යන රැල්ලකට අහුවෙලා මොනව හරි දෙයක් අහගෙන ඉඳියි, නමුත් එයාට ශ්‍රැතයක් නැහැ. තමන් අහල ලබාගත්තු තමන්ගේම කියල ධර්ම ඤාණයක් නැහැ. එහෙම කෙනා එක එක අයට අහුවෙනවා. කියන කියන දේට අහුවෙනවා. එයා නොමග යනවා. එයාට ශ්‍රද්ධාවක් නැත්නම් අනතුරක්මයි. සීලයක් නැත්නම් අනතුරක්මයි. ශ්‍රැතයක් නැත්නම් ඒත් අනතුරක්මයි. ධර්මයෙන් ලැබෙන පිහිට අපිම ඇති කර ගන්න ඕන.

බුද්ධියයි වාසනාවයි ලැබූ වාසනාවන්තයෙක්

පසුගිය දවසක, එක ඈත රටක ජීවත්වෙන, එක සිංහල මහත්මයෙක් මාව හමුවෙන්න ආවා. ඇවිල්ල මාත් එක්ක ටිකක් කතා කරල කිව්වා, "අනේ ස්වාමීන් වහන්ස, මම මේ ධර්ම දේශණා කැසට් පටි ඔක්කොම අරන් ගියා. මම ඒවා ඇහුවා. ඇහුවයින් පස්සෙ මගේ හිතේ පැහැදීම ඇතිවුණා, මේ ධර්මය ගැන. ඒ ඇතිවුණු පැහැදීම නිසා, ලංකාවට ආපු වෙලාවෙ ඔබවහන්සේව බලන්න ආවේ. අනේ හාමුදුරුවනේ, මම පාදිලි කෙනෙක්. මම මේ පැහැදීම නිසාමයි ආවේ. ස්වාමීනි, මට අවවාදයක් කරන්න. මම දවස් කිහිපයකින් යනවා. මට අවවාදයක් කරන්න."

"මහත්මයා, ඔබතුමයි, මමයි, අපි මත දෙකක් දරනවා කියමු. ඔබ එක මතයක් දරනවා, මම එක මතයක් දරනවා. නමුත් අපි දෙන්නටම ජීවිතය සම්බන්ධව තියෙනවා එකම රටාවක්. ඔයත් නාකි වෙනවා, මමත් නාකි වෙනවා. ඔයත් ලෙඩවෙනවා, මමත් ලෙඩවෙනවා.

ඔයත් මැරෙනවා, මමත් මැරෙනවා. මත දෙකක හිටියත් අපි දෙන්නගෙම ඉරණම එකයි නේද? අපි දෙන්න රාමු දෙකක හිටියා කියල ඒකෙ ඇති ලාභයක් නෑ. එකම විදිහට නාකි වෙනවා, එකම විදිහකට ලෙඩ වෙනවා, මරණයට පත්වෙනවා. එහෙමනම් අපි මේ රාමු දෙකෙන් එළියට ඇවිත්, සත්‍යය හොයමු. එහෙම වුණොත්, අපි සත්‍යයත් එක්ක නේද මැරිල යන්නෙ? අපි එක එක රාමුවල අසත්‍යයක් තුළ රැඳිල ඉන්නවට වඩා, සත්‍යය ස්පර්ශ කරල මැරුණොත් හොඳයි නේද?"

මම එහෙම කිව්ව ගමන් එයා අනුමෝදන් වුණා. මේ මනුස්සයා හරිම බුද්ධිමත්. නමුත් බලන්න, එයා පාදිලි කෙනෙක්. බුද්ධිමත් කෙනාට හරි දේ ඇහුණු ගමන් ඒක අල්ලනවා. මට මතක් වුණේ අක්ඛණ සූත්‍රයයි.

හොඳ බුද්ධිමත් කෙනෙක් ඉන්නවා. හැබැයි වෙන ආගමක ඉන්නෙ. එයාට ධර්මය තේරුම් ගැනීමේ අවස්ථාව නෑ. මෙතනම ළඟ ඉන්නවා කෙනෙක් ඇවිත්. හැබැයි නුවණ නැහැ. අන්න එයාටත් අවස්ථාවක් නෑ. දැන් අර මහත්මයා වෙන ආගමක හිටියත්, ධර්මය අහන්න වාසනාව තිබුණා. ඒ වගේම එයාට බුද්ධියක් තිබුණා. ඉතින් මම එයාට කිව්වා,

"එහෙනම් ඔබතුමා පැහැදෙන්න බුදුරජාණන් වහන්සේ ගැන"

"කොහොමද මං පහදින්නෙ...?"

"පහදින්න කෙලෙස් නෑ කියල. බයිබලය ගත්තත්, කුරාණය ගත්තත්, භගවත් ගීතාව ගත්තත්, හැමතැනම ඒ අය අදහන ඒ දෙවියන් කෝප වෙනවා. ඒ කියන්නෙ කෙලෙස් සහිතයි. කෙලෙස් සහිත නිසා දඬුවම් දෙනවා,

පළිගන්නවා. හරි භයානකයි! බුදුරජාණන් වහන්සේට එහෙම කෙලෙස් නෑ. ඒ නිසා පැහැදෙන්න."

"ස්වාමීනි, ඒක සත්‍යයක්මයි" කියල ඒ මහත්මයා බොහෝම හිත පහදවාගෙන ගියා.

සුතය කළ්‍යාණ මිත්‍රයාගෙන් ම පමණයි

කොයිතරම් දුරක හිටියත්, වෙනස් මත තිබුණත් ශ්‍රවණයෙන් තමයි වාසිය ලැබෙන්නේ. (බුද්ධිමත් වෙන්නත් ඕන) එතකොට ඒ ශ්‍රවණය නොලැබී ගියා නම්, එයාට අහන්න ලැබෙන්නේ අධර්මයක් නම්, ඒක තමයි අනතුර. කෙනෙකුට ධර්මයේ නාමයෙන් අහන්න ලැබෙන්නේ අධර්මයක් නම්, විනය නාමයෙන් අහන්න ලැබෙන්නේ අවිනයක් නම්, එයාට ශ්‍රැතය නැහැ. එහෙනම් උපතින් බුද්ධාගමේ වුණු පලියට එයාට සේඛ බල නම් ලැබෙන්නෙ නෑ. සේඛ බල ලැබෙන්නේ කළ්‍යාණමිත්‍ර ආශ්‍රයෙන්, ධර්ම ශ්‍රවණයෙන්. ඒ තුළින් දහම් දැනීම ඇති කරගන්න ඕන. මේ ධර්මය ඇසීමේ වාසිය අපේ ජීවිතවලට තියෙන්න ඕන.

ශාස්තෘන් වහන්සේගේ ධර්මය නැති තැන නිවන ද නැත

අපි මෙවර තායිලන්තයේ ගිය වෙලාවෙ අචාන් චා හාමුදුරුවන්ගෙ අරණ්‍යයට ගියා. ඒකෙ නායක හාමුදුරුවො හම්බ වෙලා ඇහුවා,

"නායක හාමුදුරුවනේ, මෙහෙ තියෙනවද ත්‍රිපිටක පොත්?"

"නෑ..."

"අචාන් චා හාමුදුරුවන්ගෙ පොත් තියෙනවද?"

"තියෙනවා"

"මෙහේ ඉගෙන ගන්න පුහුණු වෙන්නෙ කොහොමද? ත්‍රිපිටකය උගන්වන්නේ නැද්ද?"

"නෑ..."

"ආචාන් චා හාමුදුරුවන්ගෙ පොත් ද උගන්වන්නෙ?"

"ඔව්. ඒක විතරයි"

දැන් බලන්න, සේඛ බලයන්වත් ඇති කරගන්න අවස්ථාවක් නැති හැටි. එතකොට නිවන ගැන ආයෙ කවර කතාවක්ද?

දැන් ඔබට තේරෙනවද, මහමෙව්නාව බිහි කරල මා කළ දෙයින් මනුෂ්‍යයාට කොයිතරම් යහපතක් සැලසුණාද කියල. බුදුරජාණන් වහන්සේගේ ධර්මය කතා කිරීම තුළින් මනුෂ්‍යයාට යහපත සැලසෙනවා. හැබැයි, ඒ සඳහා නුවණ තියෙන්න ඕන. නුවණ නැත්නම්, මේක තේරුම් ගන්න බැහැ. එහෙම වුණොත් මාවත් විනාශ කරන්න කල්පනා කරාවි. මොකද නුවණ නැතිකොට ධර්මයක් තේරුම් ගන්න බැහැ නෙව!

ධර්ම ශ්‍රවණය ලබල නම් රැකවරණයක්

බුදුරජාණන් වහන්සේගේ බුද්ධ දේශණා අහන්න ඕන. එතකොට ශක්තියක් ඇතිවෙනවා. දැන් මේ සංඛාරුප්පත්ති සූත්‍රය අහද්දී, හිතට ලොකු හයියක් එනවා. තමන්ට සේඛ බල තියෙනවා නම් එයා හිතනවා, 'මම මරණින් මත්තෙ යනවා දෙවියන් අතරට' එයාට ඒ ගැන සැකයක් නැහැ. ඒ නිසා එයාට බයක් නෑ. එයා දන්නවා එයාට සූතය තියෙනවා කියල. එයාට ඒකෙ ප්‍රශ්නයක් නෑ. රැකවරණයක් තියෙනවා එයාට. ඒකම තමයි තමන්ට

තියෙන ආරක්ෂාව.

චාග කියන්නෙ ත්‍යාගයටයි. ත්‍යාගය තියෙන කෙනා මසුරු මළ දුරු කළ සිතින් වාසය කරනවා. එයා දන් දෙන්න අත් දෙක සෝදගෙනයි ඉන්නෙ කියල බුදුරජාණන් වහන්සේ පෙන්වා දෙනවා. මෙයින් අදහස් වෙන්නේ ආගමික කටයුතුවලට විතරක් දෙන එක නෙවෙයි. ගෙදරට එන කෙනෙකුට ප්‍රණීත විදිහට තේ එකක් හදල දෙනවා. කවුරු හරි කෙනෙක් කරදරයක් වෙලා එනවා. එයාට ඇඳුමක් නෑ කියල හිතමු. එතකොට එයාට හොඳ ඇඳුමක් දෙනවා. එයා දෙන දෙය නියම විදිහට දෙනවා. චාගයෙදි පුරුදු වෙන්න ඕන සත්පුරුෂ දානයයි.

(සක්කච්චං දානං දේති) සකස්කොට දන් දෙනවා. **(චිත්තීකත්වා දානං දේති)** ගරු සරු ඇතිව දෙන දේ පිළිගන්වනවා. **(සහත්තා දානං දේති)** තමන්ගේ ම අතින් වුවමනා කරන සියලුම දේවල් දරනවා. සියතින් ම දන් දෙනවා. **(පරිසුද්ධං දානං දේති)** අහක දමන්නෙ නැති, පිරිසිදු, වටිනා හොඳම දේ දන් දෙනවා. මේ විදිහට තමයි සත්පුරුෂයා දන් දෙන්නේ.

තමන්ට වුවමනා නැති වුණ දේ දීම සත්පුරුෂ දානය නොවේ

කෑමක් හරි වෙන දෙයක් හරි නරක් වේගෙන එනවා අන්න එතකොට ඒක දන්දෙනවා, 'ආ.... ළමයො මේක ගන්න' කියලා. එහෙම දුන්නට හරි යන්නෙ නැහැ. ඒ දීම අසත්පුරුෂ දානයක්. හිඟන්නෙකුට දුන්නත්, උසස් කෙනෙකුට දුන්නත් එක විදිහටම හොඳම දේ දෙන්න ඕන. ඒක ලෝකයට පෙන්න 'මම දන්දෙන කෙනෙක්' කියල දෙන එකක් නෙවෙයි. ඒක මුළු හිතින්ම කරන එකක්.

ඔය ඇඳුම් පැළඳුම්, රන් රිදී අල්මාරිවල ගොඩ ගහගෙන ඉඳලා, වයසට යද්දී කරන්න දෙයක් නැතිවුණාම ඒවා අනිත් අයට දෙන එක සත්පුරුෂ දානය නොවේ. තමන් කැමති, වටිනා, හොඳම දේ ගෞරවයෙන් සකසා අනිත් අයට තම අතින්ම දීම සත්පුරුෂ දානයට අයිති වෙනවා.

කර්ම - කර්මඵල විශ්වාසයෙන් සත්පුරුෂයා දන් දෙනවා

(ආගමන දිට්ඨිකෝ දානං දේති) මම දෙන්නෙ යම් විදිහකින් ද, ඒ විදිහට තමයි මට ලැබෙන්නේ කියන අවබෝධයෙන් යුතුව දන් දෙන්න ඕන. තමන්ට එපා නොවෙච්ච, තමන් ආස කරන, වටිනා, පිරිසිදු, හොඳම දේ ලස්සනට මැනවින් සකස් කරල, ගරුසරු ඇතුව, 'දෙන දේ නිසා තමයි ලැබෙන්නේ' කියන අදහසින් යුතුව, තමන්ගේ ම අතින් පිළිගැන්වීම සත්පුරුෂ දානයයි. මේ විදිහට දන්දෙනවා නම් ඔබත් සත්පුරුෂයෙක්. අන්න ඒ සත්පුරුෂදානය දෙන කෙනාට තියෙනවා සේඛ බලයක්. අන්න එයාට, චාගය කියන්නේ සේඛ බලයක්.

ඉතින් මේ සේඛ බල එකක් හරි අයින් කළොත්, ධර්මය තුළ පුහුණුවීම නවතිනවා. එතනින් එහාට, එයාට මොනවත් නැහැ. ශ්‍රද්ධාව නැත්නම්, ඕනම වැරදි දෙයකට ගොදුරු වෙනවා. දුස්සීල නම්, ඕනෑම වෙලාවක ප්‍රශ්නවලට මැදි වෙනවා. ශ්‍රැතය නැත්නම්, ඕනම වෙලාවක එයා මිථ්‍යා දෘෂ්ටියකට යට වෙනවා. ත්‍යාගය නැත්නම්, ඕනම වෙලාවක එයා ලැබිච්ච දේට අහුවෙනවා. ඒක හරිම අනතුරුදායකයි මනුෂ්‍යයාට. ඒ නිසා ප්‍රඥාව තුළ තමයි මේ ධර්ම මාර්ගය සම්පූර්ණයෙන්ම පවතින්නේ. ඉතින් සේඛ බලයක් විදිහට අපි ප්‍රඥාව ඇති කරගත යුතුයි.

සේඛ බල නැත්තම් සතර අපායට

ශ්‍රද්ධාව, සීලය, සුතය, චාගය, ප්‍රඥාව නැත්නම්, අන්න ඒ අය තමයි දුගතියේ යන්නේ, ඒ අයට තමන්ගෙ ස්වභාවය ඉහළට අරගන්න බැහැ. ඒ අයට තමන්ගෙ ස්වභාවය යටට යනවා. ඒ අය පහළටම යනවා. එතකොට වෙන්නෙ මොකක්ද? එයා ප්‍රේතයෙක් වෙලා ඉපදෙනවා, එහෙම නැත්නම් නිරයේ යනවා, එහෙමත් නැත්නම් තිරිසන් සතුන් අතරට යනවා.

බුදුරජාණන් වහන්සේ පුදුම විදිහට තමයි මේ සියලු ලෝකයන් ගැනම අවබෝධ කරල තියෙන්නේ. බාල පණ්ඩිත සූත්‍රයේදී තිරිසන් ලෝකයේ ස්වභාවය ගැන අපූරුවට විස්තර වෙනවා. තිරිසන් ලෝකයේ ගැන බොහොම දෙනෙකුට හරි අවබෝධයක් නැහැ. ලස්සන කුරුල්ලෙක් දැක්කම, කුරුල්ලෙක් ලස්සනට 'කීචි බීචි' ගාලා නාද දෙනකොට, අපට 'මේ තිරිසන් ලෝකයේ' කියල මතක් වෙනවද? එක ආච්චි කෙනෙක් මට කිව්වා, 'අනේ මට හරි ආසයි කුරුල්ලෙක් වෙන්න' කියල.

ජීවිතේ වරද්ද ගත්තු අය අසූචිවලට කැදරයි

බුදුරජාණන් වහන්සේ පෙන්වා දෙනවා, 'මහණෙනි, සමහර තිරිසන්නු ඉන්නවා, උන් තණකොළ දත් වලින් උලා කාලා ජීවත්වෙනවා.' ගව ආදී ඒ සතුන් අතරට මරණින් මත්තෙ සමහරු ගිහින් ඉපදෙන බව දේශණා කරනවා. 'මහණෙනි, තවත් තිරිසන් සතුන් ඉන්නවා, අසූචි ආහාරයට අරගෙන ජීවත්වෙන. ඒ සතා අසූචිවලට ඉව අල්ල අල්ල ඉන්නවා' ඉතින් ඌ ඉව අල්ලමින් දුවන්නෙ 'කොහෙද අසූචි ගඳ දැනෙන්නේ? මං යන්නම් එතනට, එතනට ගිය ගමන් අසූචි කන්නම්' කිය කියා හිතමින්.

ඒක ඒ සතාට හිතෙන දේ. බුදුරජාණන් වහන්සේ දේශණා කරනවා, ඒ සතා හරියට බමුණො වගේ කියල. බමුණන්ට යාග සුවඳ දැනෙන කොට දුවනවා, 'ගිය ගමන් කන්නම්' කියල. ඒ සමාජ තත්වය ගැනයි බුදුරජාණන් වහන්සෙ පෙන්නුවේ. ඒ වගේ ඌරන්, කුකුළන්, බල්ලන් අසූචි ඉව හොයමින් ජීවත්වෙන බව දේශණා කරනවා.

"මහණෙනි, මේ මනුස්ස ජීවිතේ වරද්දගත්තු අයත් ගිහින් උපදින්නේ එතැනයි"

බැරි වෙලාවත් තිරිසන් ලෝකයට ගියොත්, මෙන්න දුක!

"මහණෙනි, සමහර සත්තු ඉන්නව අන්ධකාරයේ ඉපදිලා. පොළොව යට අඳුරේ ඉපදිලා, අඳුරේම වයසට ගිහින්, අඳුරේම මැරිලා යනවා." කීටයො, පණුවො, ගැඩවිලි වගේ සතුන් ගැනයි එහෙම දේශණා කළේ. සමහර මිනිසුන් පව් රැස් කරල ඉපදෙන්නේ අන්ධකාරයේ ඉන්න තිරිසනුන් අතරේ බව දේශණා කරනවා. ධර්ම ශ්‍රවණය හරියට නැති, යෝනිසෝ මනසිකාරය නැති අයට මේ වෙන දේ කොයිතරම් නම් බරපතල දෙයක්ද!

මහණෙනි, සමහර තිරිසන් සතුන් ඉන්නවා, ඒ අය වතුරේ ඉපදිලා, වතුරේම නාකිවෙලා, වතුරේම මැරිලා යනවා. මාළු, කැස්බෑවො, ඉබ්බො වගේ සත්තු අතරේ සමහර පව් කරපු අය ගිහින් උපදිනවා. ඊළඟට පෙන්වා දෙනවා, සමහර සතුන් අසූචි ගොඩේ උපදින බව. අසූචි ගොඩේ ඉපදිලා, අසූචි ගොඩේම වයසට ගිහින්, අසූචි ගොඩේම මැරෙනවා. කුණු මස්වල උපදින සමහර තිරිසන් සතුන් ඉන්නවා. කුණු මස් ගොඩේ ඉපදිලා, වයසට ගිහින්, කුණු මස්වලම මැරිල යනවා. සමහර සතුන් කුණුවෙච්ච

කැමවල, කුණු ආහාරවල ඉපදෙනවා. ඉපදිලා ඒ කුණු ගොඩේම මරණයට පත්වෙනවා. සමහර මිනිස්සු ගිහින් ඒ විදිහට කුණුගොඩේ උපදින බව බුදුරජාණන් වහන්සේ පෙන්වා දෙනවා.

බුදු නුවණටවත් කියා ගන්න බැරි දුකක්

"මහණෙනි, මම නොයෙක් ආකාරයෙන් මේ තිරිසන් අපාය ගැන විස්තර කරදීලා තියෙනවා. හැබැයි මට කවදාවත් තිරිසන් ලෝකයේ දුක සම්පූර්ණයෙන්ම කියා ගන්න බැහැ." එහෙනම් බලන්න, බුදු කෙනෙකුටවත් කියාගන්න බැරි තරම් දුකක් තිරිසන් ලෝකය තුළ තියෙනවා. නමුත් අපට ඒක පේන්නෙ නෑ. එතැනදි තමයි බුදුරජාණන් වහන්සේ දේශණා කළේ, 'මහණෙනි, එක වතාවක් නිරයේ හෝ තිරිසන් අපායේ වැටුණොත් ආයෙම ගොඩ එන්න නම් ලේසි නෑ' කියල. කණ කැස්බෑවා විය සිදුරෙන් අහස බලන එක ඊට වැඩිය ලේසියි කියල පෙන්වා දෙනවා. 'මහණෙනි, ඒ ලෝකවල තියෙන්නෙ එක එකාව කා ගන්න එකයි' කියල දේශණා කරනවා.

ඉතින් මේ අපාවලින් අපව මුදවන්නේ සේඛ බල විසින්. කොයිතරම් මිදීමක් තියෙනවද කිව්වොත්, එයාට හිතෙනවා නම්, 'මරණින් මත්තෙ මං අසවල් තැන ඉපදෙනවා' කියලා, එතැන හිත පිහිටුවාගෙන, සංස්කාර සකස් කරමින් ඒ අවශ්‍ය තැන ඉපදෙන්න පුළුවන්. මේ සූත්‍රයෙන් කියන්නේ සංස්කාරයන්ගේ උපත ගැනයි. ඉතින් අන්න ඒ විදිහට සේඛ බල තියෙන කෙනාට අවශ්‍ය විදිහට උපත සකස් කර ගන්න පුළුවන්කම තියෙනවා.

හැබැයි විදර්ශනා ප්‍රඥාව ඕන

දැන් ඉපදීම වෙන්නෙ කොහොමද? (භව පච්චයා

ජාති) විපාක පිණිස කර්ම සකස්වීමෙන් තමයි ඉපදෙන්නේ. චේතනාව පහළ කරමිනුයි කර්ම සකස් වෙන්නේ. එතකොට උපතක් පිණිස චේතනාවෙන් කර්ම හදනවා, සිත තමන් කැමති තැනක පිහිටුවාගෙන. එහෙම වෙන්න නම්, එයාට තියෙන්න ඕන ශ්‍රද්ධාව. එයාට තියෙන්න ඕන සීලය. එයාට ධර්ම ඥාණය, ශ්‍රවණය තුළින් ලබාගෙන තියෙන්න ඕන. ත්‍යාගය තියෙන කෙනෙක් වෙන්න ඕන. ඒ වගේම ප්‍රඥාව තියෙන්නම ඕන. මේ ප්‍රඥාව නිකන් එකක් නෙවෙයි. දුක අවසන් කිරීමේ ප්‍රඥාව තියෙන්නට ඕන. ඒ තමයි විදර්ශනා ප්‍රඥාව. දුක අවසන් කරන ඒ ප්‍රඥාවේ ආරම්භය තමයි කුසල් - අකුසල් හඳුනාගැනීම. කුසල් අකුසල් හඳුනගන්න පුළුවන්කම ලැබුණාම එයා මොකද කරන්නෙ? එයා අකුසලය ප්‍රහාණය කරනවා, කුසලය වඩනවා. **(උදයත්ථ ගාමිනී පඤ්ඤාය සමන්නාගතෝ හෝති සම්මා දුක්ඛක්ඛය ගාමිනියා)** එයා මේ පංච උපාදානස්කන්ධයේ අනිත්‍ය ස්වභාවය, ආයතනයන්ගේ අනිත්‍ය ස්වභාවය, සතර මහා ධාතූන්ගේ අනිත්‍ය ස්වභාවය නුවණින් විමස විමසා බලනවා.

නුවණින් විමසපු හැඟීමක්

එහෙනම් එයාට නුවණින් විමසලා තේරුම් ගන්න පුළුවන් වෙන්න ඕන, මේ ඇස අනිත්‍යයි කියල. මේ කණ අනිත්‍යයි කියල එයාට නුවණින් තේරුම් ගන්න පුළුවන් වෙන්න ඕන. මේ නාසය, දිව, කය, මනස අනිත්‍යයි කියල එයා තේරුම් ගන්න ඕන. ඒක තමයි ප්‍රඥාව කියල කියන්නේ. මේක හැඟීමක්. හැබැයි මේක නිකං හැඟීම්බර එකක් නම් නෙවෙයි. මේක නුවණින් විමසලා අර ගන්න හැඟීමක්.

හැඟීම්බර එකක් තේරුම් ගන්නෙ කොහොමද? ඔය සමහරවිට අනිත්‍යයි කියල අහපු ගමන්, 'වැඩක් නෑ අනිත්‍යයි, මට දූන් රස්සාව කරල වැඩක් නෑ අනිත්‍යයි. හම්බ කරල වැඩක් නෑ අනිත්‍යයි. අපි කොහොමත් මැරෙනවනේ. ඒ නිසා කිසි දෙයක් වැඩක් නෑ' කියල කියන උදවිය ඉන්නවා. එතකොට මොකක්ද එයා ඒ කළේ? එයා අයෝනිසෝ මනසිකාරයේ යෙදුණා. නුවණින් තොරව එයා කල්පනා කළා.

කුසල් - අකුසල් තමන්ට තේරෙනවා නම් ප්‍රඥාවන්තයෙක්

යෝනිසෝ මනසිකාරයේ යෙදෙන කෙනා මොකද කරන්නේ? එයා කරන්නෙ ඉස්සරවෙලාම කුසල් අකුසල් හඳුනාගන්න එකයි. එයා කුසල් අකුසල් හඳුනාගෙන ඒ අනුවයි වැඩ කරන්නේ. එහෙනම් එයා ප්‍රඥාවන්තයෙක්. මේ ප්‍රඥාවන්තකම ජීවිතයකට හරියට උපකාරී වෙනවා.

ප්‍රඥාව නැත්නම් පොඩි දේත් පැටලෙනවා

බුද්ධ පූජාව තියන්න පුරුදුවෙච්ච සමහර කෙනෙකුට ඔන්න, එක දවසක් ඒක කරන්න බැරිවෙනවා. එතකොට එයා, 'අනේ.... මට අද බුද්ධ පූජාව තියන්න බැරිවුණා, ඉතින් මට පවක් සිද්ධ වුණාද?' කියල කල්පනා කරනවා. ඒකෙ තේරුම තමයි එයා පව කියන්නෙ මොකක්ද කියල දන්නෙ නැහැ.

බුදුරජාණන් වහන්සේ මේ ලෝකයා වෙනුවෙන් ධර්මය දේශණා කළේ, අපෙන් බුද්ධ පූජාවල් ලබාගන්න නෙවෙයි. 'නුඹලා උයල පිහල ඉවරවෙලා පළවෙනි කොටස මට දෙන්න ඕන' කියල කිව්වද? නැහැ,

බුදුරජාණන් වහන්සේගේ බලාපොරොත්තුව වුණේ අපි ඒ ධර්මයේ හැසිරිලා, සතර අපායෙන් අත්මිදිලා සැපය කරා යාමයි.

පෘථග්ජන දෙවියන්ගේ ස්වභාවයට බුදුරජාණන් වහන්සේව ගන්න එපා!

කෙනෙක්ට ශ්‍රද්ධාව තිබ්බා නම් එයා බුදුරජාණන් වහන්සේව ගුණවශයෙන් හඳුනගන්නවා. එහෙම නැතිකෙනා හිතනවා, 'මම දැන් බුදුරජාණන් වහන්සේට බුද්ධ පූජාව තියනවා, මං පූජාවන් කරනවා, ඉතින් මගේ වැඩ දැන් ඔක්කොම හරි යනවා. හැබැයි මට මේක කර ගන්න බැරි වුණොත් උන්වහන්සේ කෝපවෙයි'

දැන් මේ විදිහට බුදුරජාණන් වහන්සේව මනින්නේ අර පෘථග්ජන දෙව්වරුන්ගේ මිම්මෙනුයි. ඒකයි එයාට 'මට පව් සිදුවුණාද, මට වැරදුණාද දන්නෙ නෑ' කියල අදහසක් ආවේ. නමුත් නිවැරදි ධර්ම ශ්‍රවණය තිබුණා නම්, නුවණින් විමසීමකුත් එයාට තිබුණා නම් පටලැවිල්ලක් ඇතිවෙන්නෙ නැහැ. දහම් දැනුම තියෙන, නුවණින් විමසීම තියෙන කෙනෙකුට මා නම් කියන්නෙ,

'ඔයා ඒක පසුතැවෙන දෙයක් බවට පත් කරගන්න එපා. ඊට වඩා හොඳයි, ඔයා මල් පූජා කරන්න. පැන් එකක් පූජා කරන්න. ඒ හොඳටම සෑහෙනවනේ!'

පසුතැවෙනවා නම් අකුසලයක් බව දන්නේ ප්‍රඥාවන්තයා

එහෙනම්, පින් රැස් කරගන්න කියල දෙයක් පටන් අරගෙන, ඒ පටන් ගත්තු දේ තුළින් තමන් බයෙන් ඉන්නවා නම්, පසුතැවෙනවා නම්, එයා කුසලය හඳුනන්නෙ නෑ.

ඒ කියන්නේ, ප්‍රඥාවන්ත වීම අප කතා කරන තරම් ලේසි දෙයක් නෙවෙයි. ඒ සඳහා සෑහෙන නුවණක් අවශ්‍ය වෙනවා. නුවණින්ම තමයි එයාට කල්පනා කරමින් තේරුම් ගන්න වෙන්නේ. ඒ නිසා, මේ නුවණ කියන්නෙ සරල එකක් නොවෙන බව අපි තේරුම් ගන්න ඕන.

නුවණින් විමසීමෙන් ඇති කරගත යුතු ශ්‍රේෂ්ඨතම එළිය

(පඤ්ඤා නරානං රතනං) මනුෂ්‍යයින්ට තියෙන මාණික්‍යය තමයි ප්‍රඥාව. **(පඤ්ඤා අනුත්තරා ආභා)** ප්‍රඥාව තමයි ලෝකයේ තියෙන ශ්‍රේෂ්ඨම එළිය. බුදුරජාණන් වහන්සේ සේඛ බල විස්තර කරන තැනක කියනවා,

"මහණෙනි, සේඛ බල පහක් තියෙනවා. ශ්‍රද්ධා, ශීල, සුත, චාග, ප්‍රඥා කියන මේ සේඛ බල පහෙන්, ප්‍රඥාව තමයි අග්‍ර වෙන්නේ. වටේ පරාල ඔක්කොම එකතු කරල, මැද ලීයට හයිකරල තමයි ගේ හදන්නේ. එතකොට ඒ මැද ලීයට තමයි කැණිමඬල කියල කියන්නේ. එතකොට ඒ කැණිමඬල නැත්නම් පරාල සවිකරන්න එකක් නැහැ. අන්න ඒ වගේ මේ සියලු කුසල්වලට මුල ප්‍රඥාවයි" කියල දේශණා කරනවා.

ඒ නිසා පින්වත්නි, නුවණින් විමසලා ම යි කල්පනා කළ යුත්තේ. ඒක කාටවත් දෙන්න පුළුවන් දෙයක් නෙවෙයි, තමන් ම නුවණින් විමස විමසා ම ඇති කරගතයුතු දෙයක්.

අනුවණ අයට බැරි නුවණින් විමසීම

'මම දන් නුවණින් විමසනවා' කියල අයෝනිසෝ මනසිකාරයේ යෙදිල හරියන්නෙ නැහැ. 'හා... මම දන්

නුවණින් විමසනවා' කියල කරන්න පුළුවන් දෙයකුත් නෙවෙයි, නුවණින් විමසීම.

අමනුෂ්‍යයන් විසින් පුද්ගලයන්ව ග්‍රහණයට ගන්න ආකාරය ඔබ දකින්න ඇති! අමනුෂ්‍යයන් සමහර පුද්ගලයන්ට පණිවුඩ දෙන්න පටන් ගන්නවා. ඉතින් ඔන්න සාස්තර කියන්නට පොළඹවනවා. සමහරවිට මෙන්න මේ වගේ සාත්තරත් අහන්නට ලැබෙනවා, 'දැන් ඔබ මේ විදිහට කරන්න. දැන්ම ම පටන් ගන්න. ඔබට මේ බුද්ධ සාසනයේදීම නිවන් දකින්න ලැබෙනවා.'

අමනුෂ්‍යයෙක් විසින් මේ කියන්නෙ කියල තේරුම් ගන්නට අපට සිහිය තියෙන්න ඕන. අමනුෂ්‍යයෙකුගේ ප්‍රකාශයක් අනුව අපට කවදාවත් ධර්මාවබෝධය ලැබෙන්නෙ නැති බවට සිහිනුවණ අපට තියෙන්න ඕන.

නුවණින් විමසන කෙනා ලබන ප්‍රඥා මැණික!

ධර්මාවබෝධ කරන්න නම්, අපට කල්‍යාණමිත්‍රයින් ම මුණගැහෙන්නට ඕන. ඒ කල්‍යාණමිත්‍රයින්ගෙන් ශ්‍රී සද්ධර්මය අසන්නට ඕන. චතුරාර්ය සත්‍යය ඇහෙන්නට ඕන. ඒ චතුරාර්ය සත්‍යය නුවණින් මෙනෙහි කරන්නට ඕන. ඒ මෙනෙහි කරන්නා වූ චතුරාර්ය සත්‍යයට අනුව ධර්මයේ හැසිරෙමින් සේඛ බල ඇතිකර ගන්න ඕන. සේඛ බල ඇති කරගත්තට පස්සෙ ආර්ය අෂ්ටාංගික මාර්ගයේ ගමන් කරන්න ඕන. අන්න එහෙමයි සිද්ධ වෙන්න ඕන. මේක සිද්ධ වෙන්නෙ නුවණ තියෙන, නුවණ මෙහෙයවන කෙනාට විතරම යි. ඒක බුද්ධ දේශණා අනුවමම නුවණින් විමසීමෙන් පමණක් ම සිද්ධ වෙන දෙයක්.

ශ්‍රද්ධා, සීල, සුත, චාග, පඤ්ඤා ඇති කරගන්න ආකාරය ගැනයි මේ විස්තර කරල දුන්නේ. මේ විදිහට සේඛ බල තියෙන කෙනාට, තමන් කැමති නම් රජ පවුලක, බ්‍රාහ්මණ පවුලක, ගෘහපති පවුලක ඉපදෙන්නට පුළුවන් ආකාරය අපි කතා කළා. සේඛ බල තියෙන කෙනාට තවදුරටත් කරන්න පුළුවන් දේවල් ගැන අපි දැන් ඉගෙන ගනිමු.

චාතුම්මහාරාජිකයේ යන්නත් පුළුවන්

ඒ විදිහට සේඛ බල ඇතිකරගත් කෙනා මෙහෙම හිතනවා 'මම ශ්‍රද්ධාවෙන් යුක්තයි. සීලයෙන් යුක්තයි. ශ්‍රැතයෙන්, චාගයෙන්, ප්‍රඥාවෙනුත් යුක්තයි. චාතුම්මහාරාජික දිව්‍ය ලෝකයේ දෙවියන්ට දීර්ඝායුෂ තියෙනවා, සැප බහුලයි, එහෙනම් මටත් චාතුම්මහාරාජික දෙව්ලොව ඉපදෙන්න ඇත්නම් හරිම අගෙයි නේ' කියලා.

ඒ විදිහට එයා ඒ තුළ හිත පිහිටුවා ගන්නවා. බහුල කරනවා. එතකොට එයාගෙ සංස්කාර ඒ සකස් කරපු විදිහට හේතු වෙලා චාතුම්මාහාරාජික දෙව්ලොව ඉපදෙනවා.

නන්දන උයනේ විවේක සුව විඳින්නත් පුළුවන්

ශ්‍රද්ධා, සීල, සුත, චාග, පඤ්ඤා ඇති කරගත්තු කෙනාට මේ විදිහටත් හිතෙනවා, 'අනේ මට ඉපදෙන්න ඇත්නම් තව්තිසාවේ! එහේ දෙවිවරු හරි පින්වන්තයි, බල සම්පන්නයි, දීර්ඝායුෂයි! ඒ නිසා මං එහේ උපදිනවා....!'

එයා ඒ විදිහට හිත පිහිටුවා ගන්නවා. ඒ හිත අධිෂ්ඨානයක් හැටියට පවත්වනවා. ඒ විදිහට එයා හිත

වඩනවා. චේතනාවන් පහළ කරමින් කරපු දේ එයාගෙ පැවැත්මයි. ඒක එයා බහුල වශයෙන් පුරුදු කරපු නිසා මරණින් මත්තෙ තව්තිසා දෙව්ලොව ඉපදීමට ඒක හේතු වෙනවා. මැරුණු ගමන්ම එයා තව්තිසාවේ පහළ වෙනවා. බලන්න සේඛ බලවල තියෙන බලය!

දෙවියන්ටත් හැමදාමත් බුදුරජාණන් වහන්සේගේ පිහිටයි!

බුදුරජාණන් වහන්සේගේ ශ්‍රාවකයින් කවදාවත් දෙවියන්ට ගරහන්නෙ නෑ. ඒ දිව්‍ය ලෝකවලට ගරහන්නෙ නෑ. දෙවියන්ගේත්, මිනිසුන්ගේත් ශාස්තෘන් වහන්සේ බුදුරජාණන් වහන්සේ බව එයා දන්නවා.

දෙවි මිනිසුන්ගේ ශාස්තෘන් වහන්සේ බුදුරජාණන් වහන්සේ බව දන්නෙ නැති කෙනා දිව්‍ය ලෝක ගැන විශ්වාස කරන්නෙ නෑ. සේඛ බල ඇති කරගත්තු කෙනා දෙවියන් අතර ගිහින් උපදින බව විශ්වාස කරන්නෙත් නෑ. එයා හිතන්නෙ දෙවිවරු කියල කියන්නෙ, අපිම පින් රැස් කර කර ඒ පින් පටවන්න ඕන ජාතියක් කියලයි. දිව්‍ය ලෝකවල නම් ධර්මය අවබෝධ කරන්න බෑ කියලයි එයාලා හිතාගෙන ඉන්නේ. මනුස්ස ලෝකයේ විතරයි ධර්මය අවබෝධ කරන්න පුළුවන්, ඒ නිසා දෙවියොත් හූල්ල... හූල්ල ඉන්නේ ආයෙම මනුෂ්‍ය ලෝකයට එන්න ය, එහෙම ආවොත් විතරයි පින් කරන්නත්, ධර්මය අවබෝධ කරන්නත් පුළුවන් වෙන්නෙ කියලයි හිතාගෙන ඉන්නේ. මේ මිත්‍යා කතාවල් ඔක්කොම මේ තරම් ප්‍රචාරය වෙලා යන්නේ, බුදුරජාණන් වහන්සේ කෙරෙහි ශ්‍රද්ධාවක් නැති නිසයි. ශ්‍රද්ධාවක් තිබ්බා නම් එහෙම වෙන්නෙ නැහැ.

චාතුම්මහාරාජිකයේ උපන්නත්, තව්තිසාවේ

උපන්නත් ඒ දෙවිවරුන්ට අවස්ථාව තියෙනවා, බුදුරජාණන් වහන්සේගේ ධර්මය තුළින් චතුරාර්ය සත්‍යය අවබෝධ කරන්නට.

යාමයත් හොඳයි! තුසිතය නම් අගෙයි!!

සේඛ බල තියෙන කෙනා යාම දිව්‍ය ලෝකයේ ඉපදෙන්නට කැමති නම්, ඒක සිද්ධ වෙන දෙයක් බව බුදුරජාණන් වහන්සේ දේශණා කරනවා. සේඛ බල ඇති කරගත්ත කෙනාට මෙහෙම හිතෙනවා, 'තුසිත දිව්‍ය ලෝකය නම් හරිම අගෙයි. මරණින් මත්තෙ මං එහේ ගිහින් ඉපදෙනවා. මට එහේ ඉඳගෙන සුවසේ ධර්මාවබෝධ කරන්න පුළුවන්' කියලා.

එයා මේ විදිහට හිත පිහිටුවාගෙන අධිෂ්ඨානයක් ඇති කර ගන්නවා. චේතනාව තුළ ඒ විදිහට හිත පවත්වනවා. ඒ විදිහට හිත වඩනවා. බහුල වශයෙන් පුරුදු කරනවා. ඒ හේතුවෙන් මරණින් මත්තෙ එයා තුසිත දෙව්ලොව ඉපදෙනවා. එයාට චතුරාර්ය සත්‍යාවබෝධයට අවස්ථාව තියෙනවා.

'මම' යම් තැනකද, එතැන 'මරු' ඇත

සමහර අය හිතනවා, මාරයා ඉන්න තැන 'පරනිම්මිත වසත්තිය' කියලා. ඒක බොරුවක්. මාරයා එහේ ඉන්නවා කියල කවුද කියන්නේ? බුද්ධ දේශණාවේ කිසි තැනක එහෙම එකක් නෑ. බුද්ධ දේශනාවේ තියෙනවා, 'ඇස යම් තැනකද, කණ - නාසය - දිව - කය - මනස යම් තැනකද, ඒ තුළ මමය, මාගේය, මාගේ ආත්මය කියන හැඟීමක් ඇද්ද, අන්න එතැන මාරයා ද සිටියි' කියලා.

බුදුරජාණන් වහන්සේගේ බුද්ධ දේශණාවල මාරයා ඉන්නේ අසවල් ලෝකයේ ය කියල තැනක් පෙන්වල නැහැ. නමුත් මාරයා කියල කෙනෙක් ඉන්නවා. එයාට පාවිච්චි කරනවා වචනයක්, වසවර්ති කියල. වසවර්ති කියන එකේ තේරුම තමයි, අධිපතිභාවයේ පැවැත්වීම. මම, මගේ, මගේ ආත්මය කියල ගත්තු, ඇසේ, කණේ, නාසයේ, දිවේ, කයේ, මනසේ අධිපතිභාවය පවත්වන්නෙ මාරයායි. මාරයාට කැමති ඕනම දෙයක් කරන්නට පුළුවන්. ඒක තමයි වසවත්ති - 'අධිපතිභාවයේ පවත්වන කෙනා' කියල කිව්වේ.

මට බුද්ධ වචනයක් හමුවෙලා නැහැ, එයාට 'වසවර්ති' කියන වචනෙ යෙදිච්ච. එහෙම තියෙන්නෙ අටුවාවෙයි. බුද්ධ වචනය හැම තැනම තියෙන්නේ, **කණ්හ** - කළු, පාපී, **මාරෝ පාපිමා** - පවිටු මාරයා, **පමත්තබන්ධු** - ප්‍රමාද වූවන්ගේ ඤාතියා කියලයි.

නිම්මාණරතියත්, පරනිම්මිතවසවත්ති දෙව්ලොවත් පුළුවන්!

ඉතින්, සේඛ බල උපදවා ගත්ත කෙනාට කැමති නම්, නිම්මාණරති දෙව්ලොව ඉපදෙන්න පුළුවන්. ඒ වගේම පරනිම්මිතවසවත්තියෙත් ඉපදෙන්න පුළුවන්. පරනිම්මිත වසවත්ති දෙව්ලොව කියල කියන්නෙ ඉහළ සැප තියෙන දිව්‍යලෝකයක්. එතනදි තමන් සිත පිහිටුවනවා, අදහස ඇති කර ගන්නවා, චේතනා පහළ කරනවා, ඒක බහුල කරනවා. සේඛ බල තියෙන කෙනා එහෙම කරද්දි, හේතු සකස් වෙනවා මරණින් මත්තෙ පරනිම්මිතවසවත්ති දෙව්ලොව ඉපදීම පිණිස.

සේඛ බල තියෙන කෙනා පොහොසතෙක් වගෙයි!

සල්ලි තියෙන කෙනෙකුට බැරිද තමන් කැමති හෝටලයක ගිහින් නවතින්න? පුළුවන්. හිඟන්නෙකුටත් ඒ වගේ පුළුවන්ද? බැහැ. සමහර හෝටල් තියෙනවා දවසකට වියදම ඩොලර් 1000 යි. සමහර ඒවා ඩොලර් 2000 යි. එතකොට සල්ලි තියෙන කෙනා කැමති නම්, එයා ඕන වෙලාවක ඩොලර් ලක්ෂයක් වුණත් වියදම් කරනවා. එයාට ඒ වගේ තැනකට වුණත් යන්න පුළුවන්.

සතේ අතේ නැති මිනිහෙක් ඉන්නවා. එයත් කියනවා, 'මමත් යනවා ඩොලර් ලක්ෂයක් වියදම් කරන හෝටලයට' කියල. නමුත් එයාට ඒ හෝටලය අහලකටවත් යන්න ලැබෙන්නෙ නැහැ. අන්න ඒ වගේ තමයි, මේ සේඛ බල පහ තියෙන කෙනාට තමන් කැමති තැනකට යන්න පුළුවන්. සේඛ බල නැති කෙනාට ඒක කරන්න බැහැ. කෙනෙක් ශ්‍රද්ධාව, සීලය, සුතය, චාගය, ප්‍රඥාව ඇති කර ගත්තොත් එයාට ඒක ලොකු ධනයක්. ඒක තමන්ට ලැබෙන ලොකු පිළිසරණක්.

දුප්පත් පොහොසත් හැමටම පිළිසරණක්!

ඒ වගේම අපට කෝටි ගණන් සල්ලි තිබුණත්, කවදාවත් ඒ හේතුවෙන් පුළුවන් වේවිද මරණින් මත්තෙ සුගතියේ ගිහින් ඉපදෙන්න? කවදාවත් බැහැ. නමුත්, මේ ජීවිතයේ සල්ලි තිබුණත්, නැතත්, එයා ළඟ සේඛ බල පහ තියෙනවා නම් එයාට කැමති විදිහට දෙවියන් අතරට යන්න පුළුවන්. එහෙම නම් සේඛ බල පහ ඇති කර ගැනීම තමයි ජීවිතයට තියෙන ලොකුම පිළිසරණ වෙන්නේ.

බඹලොව වරුණේ...

ඉතින් සේඛ බල තියෙන කෙනාට අහන්නට ලැබෙනවා බ්‍රහ්ම ලෝකය ගැන. බ්‍රහ්ම ලෝකයේ සැප බහුලයි. වර්ණවන්තයි, ආයුෂ දීර්ඝයි, බ්‍රහ්මයාට පුළුවන් සහස්සී ලෝක ධාතුවට ම සිත පතුරුවාගෙන ඉන්න. ඒ කියන්නේ හිරු දහසක්, සඳු දහසක් පවතින ලෝක දක්වාම තමන්ගේ වසඟයේ පවත්වන්න පුළුවන්. එතකොට ඒ මහා බ්‍රහ්මයාට, සහස්සී ලෝක ධාතුව පුරාවට වාසය කරනවා නම් යම් සත්වයින්, ඒ සෑම සත්වයෙකුට යම්කිසි බලපෑමක් කරන්න පුළුවන් හැකියාවක් තියෙනවා.

බුදුරජාණන් වහන්සේ පෙන්වා දෙනවා, ඒක හරියට නෙල්ලි ගෙඩියක් මනුෂ්‍යයෙකුගෙ අතේ තියෙනවා වගෙයි කියල. කෙනෙක්ගෙ අතේ නෙල්ලි ගෙඩියක් තියෙනවා නම් ඒක එයාට ඕන අතකට කරකව කරකවා කැමති විදිහට බලන්න පුළුවන්.

"මහණෙනි, බ්‍රහ්මරාජයාටත් ඒ වගේ දහසක් ලෝක ධාතුවම කැමති පරිදි බලන්න පුළුවන්."

එතකොට දහසක් ලෝක ධාතු බලනවා වගේම, ඒ දහසක් ලෝක ධාතුවල ඉන්න ඕනම සත්වයෙකුට බැල්ම හෙළන්න පුළුවන් කියල බුදුරජාණන් වහන්සේ කියා දෙනවා.

සේඛ බල අතරේ...

එතකොට සේඛ බල පහ තියෙන කෙනෙකුට හිතුණොත්, 'ආ.. මටත් එහෙනම් සහස්සී ලෝක ධාතුවේ බ්‍රහ්මයෙක් වෙන්න ඕන' කියල. අන්න ඒකත් එයාට පුළුවන් බව බුදුරජාණන් වහන්සේ පෙන්වා දෙනවා.

එහෙනම් මේ සේඛ බල කියන්නෙ පුංචි දෙයක් නොවෙයි. ඒක සුළු දෙයක්, ලාමක දෙයක් නෙවෙයි. සේඛ බල තියෙනවා කියල කියන්නේ, ලෝකයේ යම් ශ්‍රේෂ්ඨ උපතක් තියෙනවා නම්, අන්න එවැනි ඕනෑම උපතක් කරා ගෙනියන්න පුළුවන් හැකියාවක් ඇතිවීමයි.

පෙරේත කරදරේ..

සේඛ බල ඇතිකර නොගත් අයට වෙන්නෙ මොකක්ද? ඒ අය මැරෙනවා. මැරිලා ආපහු එනවා. ඇවිත් දොර මුල්ලෙ ඉන්නවා. පාරෙ බෝක්කු ළඟ, හන්දිවල, ගේට්ටු ළඟට වෙලා ඉන්නවා. හැබැයි ඉතින් පේන්නෙ නැහැ. පවුලෙ කෙනෙක් යනකොට එයාගෙ පස්සෙන් යනවා, 'මේ මගේ බිරිඳ, මේ මගේ ස්වාමියා, මේ මගේ පුතා, මේ මගේ දුව...' කියල. එයාලා යන යන තැන මෙයත් යනවා. කෑම කනකොට බලාගෙන ඉන්නවා. 'මට දූන් දෙයි, දූන් දෙයි...' කියලා. පූස් පැටව් වගේ ඇඟේම දූවටි දූවටී ඉන්නවා. මේ වගේ දේවල් හරියට තියෙනවා.

'තිරෝකුඩ්ඩ' සූත්‍රයේදී බුදුරජාණන් වහන්සේ හොඳට විස්තර කරනවා. අපට පින් ගන්නට ඉන්නෙ මේ ජීවිතයේ ඤාතීන් විතරක් නෙවෙයි. ආත්මභාව දහයකට පහළොවකට කලින් අපේ ඤාතීන් ඉන්නවා පින් ලැබුණෙ නැති. ඒ ඤාතීනුත් පින් ගන්න එනවා. නෑදෑකම් හදාගෙන ඒ අය එනව පින් අරගන්න. 'අපේ අසවලාගෙ අසවලා අන්න පිනක් කරනවා, ඒ පින ගන්න ඕන' කියලා සංසාරෙ ඤාතීන් බොහෝ පිරිසක් එනවා.

සුවසේ සැප බහුල ලෝකයේ

ඉතින් සේඛ බල උපදවාගත්ත කෙනා තමන්ට

හිතුමනාපෙට සුගතියේ ඉපදෙන්න අවස්ථාව ලබා ගන්නවා කියන කාරණය මනුෂ්‍යයින්ට කොයිතරම් ශ්‍රේෂ්ඨ වූ දෙයක්ද? ඉතින් ඒ වගේ කෙනෙකුට අහන්න ලැබෙනවා ද්විසහස්සී ලෝක ධාතුව ගැන. ඒ කියන්නෙ සහස්සී ලෝක ධාතු දෙකක්. සහස්සී ලෝක ධාතු දෙකකට අධිපති බ්‍රහ්මයෙක් ඉන්නවා. එතකොට ඒ බ්‍රහ්මයා ඒ ලෝක දිහා බලන්නේ නෙල්ලි ගෙඩි දෙකක් අතේ තියෙන කෙනෙක් වගේ කියල දේශණාවෙ තියෙනවා. ඒ කියන්නෙ එයාට ඕන ඕන විදිහට ඒ සම්පූර්ණ ලෝක ධාතුව බලන්න, තමන්ගෙ වසඟයේ පවත්වන්න පුළුවන්. ඉතින් සේඛ බල උපදවාගත් කෙනෙකුට කැමති නම් ඒ වගේ බ්‍රහ්මයෙක් වෙලා, ඊළඟ ජීවිතයේ ඉපදෙන්නට පුළුවන් බව බුදුරජාණන් වහන්සේ පෙන්වා දෙනවා.

ලෝක ධාතු තුන, හතර, පහකටත් අධිපති වෙන්න පුළුවන්

පංච සේඛ බලයෙන් යුක්ත ආර්‍ය ශ්‍රාවකයාට තිසහස්සී ලෝක ධාතුව ගැන අහන්න ලැබෙනවා. එයාට කැමති නම් ඒ බ්‍රහ්මයා වෙන්නත් පුළුවන් බව දේශණා කරනවා. ඊළඟට චතුර්සහස්සී ලෝක ධාතුවේ ඉපදෙන්නත් පුළුවන් බව දේශණා කරනවා. ඊළඟට එයාට පංච සහස්සී ලෝක ධාතුව ගැන අහන්නට ලැබෙනවා. එතකොට පංච සේඛ බලයෙන් යුක්ත කෙනා කල්පනා කරනවා, 'මේ පංච සහස්සී ලෝක ධාතුවේ අධිපති බ්‍රහ්මයා වෙන්න ඇත්නම්' කියලා. ඊට පස්සෙ මොකද කරන්නෙ? එයා ඒකට හිත පිහිටුවනවා. හිත පිහිටුවල ඒක බහුල වශයෙන් වඩනවා. එතකොට මරණින් මත්තෙ ඒ බ්‍රහ්ම ලෝකයේ ඉපදෙනවා.

ලෝකධාතු දහයකට අධිපති බබලන බ්‍රහ්මයෙක් වෙන්නත් පුළුවන්

ඒ වගේම තමයි මහණෙනි, තවත් බ්‍රහ්ම ලෝකයක් තියෙනවා දසසහස්සී කියල. ඒ දසසහස්සී ලෝක ධාතුවට අධිපති බ්‍රහ්මයෙක් ඉන්නවා. ඒකට උපමාවක් පෙන්වනවා, 'රතු පලසක තියාපු වෛරෝඩි මැණිකක් වගේ' කියල. අන්න ඒ වගේ බබලන ජීවිතයක් තමයි ඒ බ්‍රහ්මයාට තියෙන්නේ. දැන් බලන්න, බුදුරජාණන් වහන්සේ ඒ බ්‍රහ්මයා ගැනත් හොඳට විස්තරේ දන්නවා. ඉතින් ලෝකධාතු දහයකට අධිපති, බබලන බ්‍රහ්මයෙක් වෙන්නත් පංච සේඛ බල තියෙන කෙනාට පුළුවන්.

ලෝක ධාතු සියයකට අධිපති වෙන්නත් පුළුවන්

"මහණෙනි, ශ්‍රද්ධා, සීල, සුත, චාග, පඤ්ඤා කියන සේඛ බල පහෙන් යුක්ත කෙනෙකුට අහන්නට ලැබෙනවා සතසහස්සී ලෝක ධාතුව ගැන." සහස්සී ලෝක ධාතු සියයකට අධිපති බ්‍රහ්මයෙක් ඉන්නවා. එතකොට මෙයාට හිතෙනවා, 'මේ සතසහස්සී ලෝක ධාතුවේ මට ඉපදෙන්නට ඇත්නම් හොඳයි' කියල. ඉතින් එයා ඒ බ්‍රහ්මයා වෙලා උපදින බව බුදුරජාණන් වහන්සේ දේශණා කරනවා.

ඕනෑම බඹලොවක් කරා යන්න පුළුවන්

ඊළඟට මෙයාට අහන්න ලැබෙනවා 'ආභ' කියන කියන බ්‍රහ්ම ලෝකය. පරිත්තාභ, අප්පමාණාභ, ආභස්සර බ්‍රහ්ම ලෝක ගැනත් අහන්න ලැබෙනවා. ඒ ඕනම බ්‍රහ්ම ලෝකයක එයාට කැමති නම් ඉපදෙන්න පුළුවන්

කියල දේශණා කරනවා. ඊළඟට, එයාට පරිත්තසුභ, අප්පමාණසුභ, සුභකිණ්ණක, වේහප්ඵල බ්‍රහ්ම ලෝක දක්වාම යන්න පුළුවන් බව දේශනා කරනවා.

අනාගාමී බ්‍රහ්ම ලෝකවලටත් පුළුවන්

ශ්‍රද්ධා, සීල, සුත, චාග, පඤ්ඤා තියෙන කෙනාට ඕන නම් අවිහ, අතප්ප, සුදස්ස, සුදස්සී, අකණිට්ඨක බඹ ලොව දක්වාම ඉපදෙන්න පුළුවන් කියල දේශනා කරනවා. මේ බ්‍රහ්ම ලෝකවල ඉපදෙන්නේ අනාගාමී ශ්‍රාවකයන් වහන්සේලායි. ඒ කියන්නේ, පංච සේඛ බල උපදවා ගත්තු කෙනාට අනාගාමී තත්වයටත් දියුණු කරන්න පුළුවන්කම තියෙනවා.

අරූප ලෝකයේ ඉපදෙන්නත් පුළුවන්

පංච සේඛ බල පිරුණු කෙනාට අවශ්‍ය නම් ආකාසානඤ්චායතනයේ, විඤ්ඤාණඤ්චායතනයේ, ඉපදෙන්න පුළුවන් බව දේශණා කරනවා.

දැන් මේ විදිහට හිතෙන හිතෙන ලෝකවලට කෙනෙකුට යන්න පුළුවන් වෙන්නෙ කොහොමද? ඔබ පොඩ්ඩක් ඔබේ ප්‍රඥාව මෙහෙයවල හිතන්න බලන්න! පංච සේඛ බලවලින් යුක්ත කෙනාට ආසාවක් ඇතිවුණොත් ආකාසානඤ්චායතනයේ ඉපදෙන්නට, එයා කොහෙමද ඒක කරන්නේ? එයා හිතනවා, 'අනේ මට ආකාසානඤ්චායතනයේ ඉපදෙන්න ඕන' කියල. එයාට සේඛ බල තියෙනවා. ඒ නිසා එයා ආකාසානඤ්චායතනයේ ඉපදෙන්න ඕන කියල හිත පිහිටුවනවා. හිත පිහිටුවලා, එයා පැතුමක් ඇති කරගෙන ඒක බහුල කරනවා. කොහොමද බහුල කරන්නේ? එයා සේඛ බල තුළ පිහිටලා අරූප

ධ්‍යාන වඩනවා. අරූප ධ්‍යාන වඩන්න පුළුවන් වුණේ කොහොමද? එයාට ශ්‍රද්ධාව තියෙන නිසයි, සීලය තියෙන නිසයි. එයා ශ්‍රැතයෙන් දන්නවා, ආකාසානඤ්චායතනයේ උපදින්න නම්, ආකාසානඤ්චායතන සමාධිය වැඩිය යුතුයි කියල. එයා තුළ චාගයත්, ප්‍රඥාවත් දියුණුවෙලා තියෙනවා. ඉතින් එයා මොකද කරන්නේ? එයා අරූප ධ්‍යාන වඩනවා, එතකොට එයා තුළ තියෙන ශ්‍රද්ධා, සීල, සුත, චාග, පඤ්ඤා කියන පංච සේඛ බල තමයි මේ සඳහා පාදක වෙන්නේ.

නිවන ලබන්නත් පුළුවන්

මහණෙනි, පංච සේඛ බල පිරුණු කෙනාට හිතෙනවා, 'නෑ, මට කොහෙවත් ඉපදෙන්න ඕන නෑ, මට මේ ජීවිතයේදීම චතුරාර්ය සත්‍යය, සත්‍යඤාණ, කෘත්‍ය ඤාණ, කෘත ඤාණ වශයෙන් අවබෝධ කරගෙන අරහත්වයට පත්වෙන්න ඕන' එයාට ඒ වැඩෙත් පුළුවන් කියල බුදුරජාණන් වහන්සේ දේශණා කරනවා. එහෙනම් අපට තේරෙනවා අරහත්වය දක්වාම පාදක වෙන්නේ මේ පංච සේඛ බලයන් බව.

දැන්, 'ගඟේ ගොයම්' කියල අපි කිව්වට, ගඟේ ගොයම් නැහැනෙ! ගඟ අයිනෙ තමයි ගොයම් තියෙන්නේ. ඒ වගේ අරහත්වයට පත්වෙන්න පුළුවන් කිව්වහම අපට හරි පැහැදිලියි, සෝවාන් වෙන්නත් පුළුවන්. සකදාගාමී වෙන්නත් පුළුවන්, අනාගාමී වෙන්නත් පුළුවන් කියල. එහෙනම් මේ හැමදෙයක්ම විවෘත වෙන්නේ සේඛ බල පහ තුළයි.

සංස්කාරයන්ගේ උපත වගේම, නිරෝධයත් පෙන්නුවා..

දැන් මේ විස්තර කළ උපත් ගැන, බුදුරජාණන් වහන්සේ වදාළෙ මොන වගේ උපත් කියලද? **(සංඛාරුප්පත්ති)** සංස්කාරයන්ගේ උපත් කියලයි වදාළේ. එතකොට බලන්න, බුදුරජාණන් වහන්සේ විසින් මේ සංස්කාරයන්ගේ උත්පත්ති පෙන්වලා, අන්තිමට සංස්කාරයන්ගේ නිරෝධයත් පෙන්නුවා නේද? අරහත්වයට පත්වෙලා නිකෙලෙස් වෙලා පිරිනිවන්පානවා කියල පෙන්වා දුන්නා.

කියවිල්ලට සිද්ධ වෙන දෙයක් නෙවෙයි

කෙනෙක්, 'අනේ මට මේ මනුස්ස ලෝකය නම් එපා! මම දෙවියන් අතරට යන්න ඕන' කියල කිය කියා ඉන්නවා. තවත් කෙනෙක්, 'අනේ, මට චතුම්මහාරාජිකය නම් එපා! මට යන්න ඕන තව්තිසාවටයි' කියල කියනවා. මේ විදිහට නිකං කිය කියා හිටියට ඒක වෙන්නෙ නෑ.

දැන් අතේ සත පහක් වත් නැති මිනිහෙක්, 'අනේ මං ඇමරිකාවට යනවා, අපේ පවුලම එහේ යන්නයි ඉන්නේ, අනේ අපි නම් ඇමෙරිකාවෙ යනවාමයි' කියල කියවමින් ඉන්නවා. පවුලම ඇමෙරිකාවෙ යනවා කිය කියා හිටියට අතේ සතේ නැහැ! ඇමෙරිකාවෙ දන්න අඳුනන කිසිම කෙනෙකුත් නෑ. නිකං කියව කියව ඉන්නවා, 'ඇමෙරිකාවට යන්නයි ඉන්නෙ අපි' කියල. එයා ඇමෙරිකාවට යයිද? එයාට ළඟ තියෙන ටවුන් එකටවත් යා ගන්න බස් කුලියවත් හොයාගන්න බැහැ.

ඒ වගේ, 'මම නම් යන්නෙ තව්තිසාවේ...' 'ආ.. අපි

ඉතින් තුසිතයෙදී හම්බවෙමු නේ..' කියල කිව්වට සිද්ධ වේවිද ඒක? 'අනේ මට ඔය දිව්‍ය ලෝක කොහෙවත් යන්න ඕන නෑ. මට නිවන් දකින්නයි ඕන.' කිව්වට එයා නිවන් දකියිද? එහෙම කිය කියා හිටියට ඒක වෙන්නෙ නැහැ.

මේක සිද්ධ වෙන්නෙ අදාල ප්‍රතිපදාවකින්

මේ විස්තර කරල දුන්නු විදිහේ උපතක් නිකම්ම කතාවකින් සිද්ධ වෙන දෙයක් නෙවෙයි. මේක සිද්ධවෙන්නෙ ක්‍රියාවකින්. දැන් කෙනෙකුට මිනිස් ලෝකයේ ඉපදෙන්න ඕන නම් එයා මිනිස් ලෝකයේ ඉපදෙන්නා වූ ප්‍රතිපදාව අනුගමනය කරන්න ඕන. දෙවියන් අතර ඉපදිලා, ඒ දෙවියන් අතර දිව්‍ය සැපයෙන්, දිව්‍ය ආයුෂයෙන්, දිව්‍ය වර්ණයෙන්. දිව්‍ය අධිපතිභාවයෙන් අග්‍රවෙන්න නම්, ඒක ලැබෙන ආකාරයේ ප්‍රතිපදාවක් එයා අනුගමනය කරන්න ඕන. බඹලොව ඉපදෙන්න නම්, බඹලොව ඉපදෙන ආකාරයේ ප්‍රතිපදාවක් එයා අනුගමනය කරන්න ඕන. එයා සතර අපායෙන් මිදිලා, ආර්ය සත්‍යය අවබෝධ කරන්න නම්, ඒ සඳහා අවශ්‍ය ආකාරයේ ප්‍රතිපදාවක් අනුගමනය කරන්න ඕන.

අවශ්‍ය ආකාරයට සකස් නොවුණේ නම්

උදාහරණයක් විදිහට දඹදිව වන්දනාව ගැන ගනිමු. ඒ වගේ වන්දනාවකදි බුදුරජාණන් වහන්සේ කොහොමද දේශණා කළේ? "මහණෙනි, ඒ වගේ චෛත්‍ය වන්දනාවක් යාමේදී, ඒ ශ්‍රද්ධාවන්ත ශ්‍රාවකයා අතරමගදී මැරුණොත් එයා සුගතියේ ඉපදෙනවා"

එතකොට එහෙම සිද්ධ වෙන්න නම් මොකක්ද වෙන්න ඕන? එයා ශ්‍රද්ධාවෙන් යන්න ඕන. බුදුරජාණන්

වහන්සේගේ ගුණ සිහි කරමින්, ඒ ස්ථාන හතර වන්දනා කර ගැනීමෙන් අත්වෙන පින ගැන සිහිකරමින් හිත ප්‍රමුදිත වෙලා, මහත් වූ ශ්‍රද්ධාවකින් ඉන්න ඕන. එහෙම වුණොත් විතරයි, අතරමගදි මැරුණොත් සුගතියේ යන්නේ. සාරි බල බල ගියොත් සිද්ධ වෙනවද ඒක? යන ගමන් රණ්ඩුවක් අල්ලගෙන යනවා. එතකොට එයා ඒ ගමන යන කාරණයවත් ඉෂ්ට වෙනවද? මේ වෙනස අපි තේරුම් ගන්න ඕන.

ප්‍රතිපදාවකින් තොර ප්‍රාර්ථනය හිස් දෙයක්

මේකෙදි බුදුරජාණන් වහන්සේ දේශනා කළේ නිකම්ම හිතේ පැතුමක් ඇතිවුණු ගමන්, ඒක ඉෂ්ට වෙනවා කියල නෙවෙයි. ඒ නිසා අපි පැහැදිලිව නිවැරදිව ඒක ඉෂ්ට වෙන විදිහ තේරුම් ගන්නට ඕන. එයාට ශ්‍රැතයක් තියෙන්න ඕන. ඇසූ දහම් දැනුමෙන් එයා දන්නවා යමක් ලැබෙන්න නම්, ඒ සඳහා ඊට අදාළ වූ ප්‍රතිපදාවක් තියෙන බව. ඒ ප්‍රතිපදාව තුළින් පමණයි එයාට ඒ දේ ඉෂ්ට කර ගන්න පුළුවන් වෙන්නේ. එහෙනම් එයා අනුගමනය කළ යුත්තේ ඒ ප්‍රතිපදාවයි.

ළඟින් හිටියත් ඔබ දුරයි

ඉතින් ඒ ගැන බුදුරජාණන් වහන්සේ කොයිතරම් ලස්සනට දේශණා කරල තියෙනවද කියල බලන්න. එක තැනක දේශණා කළා,

"මහණෙනි, සිවුරක් දූරු පමණින්, එයාගෙ ජීවිතේ බඹසර වාසය සම්පූර්ණ වෙලා, එයා නිකෙලෙස් බවට පත්වෙනවා නම්, ඉපදිච්ච ගමන් පුංචි දරුවන්ට කරන්න තියෙන්නෙත් ඒකයි"

ඒක එහෙම නම්, කෙස් බාල සිවුරුදාපු ගමන් පුංචි ළමයගෙ වැඩේ හරි කියල කිව්වා. සංඝාටිකණ්ණ කියන සූත්‍රයේදී බුදුරජාණන් වහන්සේ පෙන්වා දෙනවා, කෙනෙක් ඉන්නවා, බුදුරජාණන් වහන්සේ සිවුර පොරවන විදිහ දකිනවා. දැකල මමත් ඒ විදිහටම සිවුර පොරවන්න ඕන කියල මහණ වෙනවා. ඉතින් ඒ භික්ෂුව බුදුරජාණන් වහන්සේ සිවුර පොරවන විදිහට ඒ දිහා බලලා සිවුර පොරවනවා. බුදුරජාණන් වහන්සේ පියවර තබන විදිහ එයා හොඳට බලා ගන්නවා, හොරෙන්. ඊට පස්සෙ එයත් ඒ විදිහට ම පියවර තබනවා. ඊට පස්සෙ එයා තථාගතයන් වහන්සේගේ සිවුරෙ කොනක් අල්ල ගන්නවා. අල්ලගෙන ඒ ගමන් කරන විදිහටම එයත් ගමන් කරනවා. නමුත් එයා ධර්මයෙන් බැහැරව නම් ඉන්නේ, ප්‍රතිපදාවෙන් බැහැරව නම් ඉන්නේ, ධර්මයේ හැසිරීමෙන් බැහැරව නම් ඉන්නේ, සේඛ බල වලින් බැහැරව නම් ඉන්නේ, එයා ඉන්නේ බොහෝම ඈත බවත්, එයා ළඟ නැති බවත් දේශනා කරනවා.

දුරින් හිටියත් ඔබ ළඟයි

ඊළඟට බුදුරජාණන් වහන්සේ මෙහෙම දේශණා කරනවා, "මහණෙනි, තව කෙනෙක් ඉන්නවා බොහෝම ඈත පලාතක. එයා තථාගතයන් වහන්සේව දැකල නැහැ. නමුත් එයාට තථාගතයන් වහන්සේගෙ ධර්මය අසන්නට ලැබුණා. ඒ ධර්මය අහල තථාගතයන් වහන්සේ කෙරෙහි එයා පැහැදුණා. පැහැදිලා තථාගතයන් වහන්සේ දේශණා කරන්නා වූ ධර්ම මාර්ගයේ එයා ගමන් කරනවා. ධර්මයේ හැසිරෙමින් එයා වීර්යයෙන් නූපන් අකුසල් උපද්දවන්නෙ නැතිව ඉන්නවා. උපන් අකුසල් ප්‍රහාණය කරනවා. නූපන් කුසල් උපද්දවා ගන්නවා. උපන් කුසල් වර්ධනය කරගෙන

මෙයා නිකෙලෙස් වෙනවා. එයා කොච්චර දුරක හිටියත්, එයා ඉන්නේ තථාගතයින් වහන්සේ ළඟයි.

ඒ නිසා ධර්මය තුළ, දුර ළඟ තීරණය වෙන්නෙ ඇඟවල් ළං කර ගැනීමෙන් නොවන බව වටහා ගන්න. දුර ළඟ තීරණය වෙන්නේ ධර්මය සිහි කිරීම මතයි. එහෙම නම් බුද්ධිමත් කෙනා නුවණින් විමසීමෙන් යෝනිසෝ මනසිකාරයේ යෙදෙමින්මයි ධර්මයට ළං වෙලා අවබෝධයකට එන්නේ.

සේඛ බල නැත්නම්, ඊළඟ ජීවිතයෙ නූල් පොටක්වත් නැහැ

පරලොව ජීවිතයේ රැකවරණයක් ලැබෙන්න නම් මෙලොවදී සේඛ බල ඇති කරගන්න ඕන. මේ ජීවිතයේදී සේඛ බල නැතිකෙනාට මරණින් මත්තෙ නූල් පොටක දෙයක්වත් ලැබෙන්නෙ නැහැ. මේ ජීවිතයේදී අප සේඛ බල ඇති කරගෙන නැතිව, 'අසවලාට ධර්මය ලැබේවා, අසවලාට සැපය ලැබේවා, අසවලාට චතුරාර්ය සත්‍යය අවබෝධ වේවා..' කිය කියා හිටියට කිසිම ප්‍රයෝජනයක් අත්වෙන්නෙ නැහැ. ඒක එහෙම ලැබෙන එකක් නොවන නිසයි එහෙම කියන්නේ. අපි අසවලාට එහෙම නොලැබේවා කියල කිව්වත් ඒක ලැබෙනවා. මොකද ඒක එයා කර ගන්න දෙයක්. අපි කර ගත්තොත් ඒක අපි ළඟ තියෙනවා.

බල්ලන්ට කන්න දාපු මළමිනියත් සුන්දරයි

සේඛ බල පහ කෙනෙක් ඇතිකරගෙන ඉන්නවා. ඉතින් එයා ශ්‍රද්ධාවෙන් සිල් රැකගෙන, ධර්මය අසමින්, දන් පැන් දෙමින් ධර්මයම සිහිකරමින් ජීවිතය පවත්වනවා.

දැන් මෙයත් එක්ක තරහ පිරිස ගොඩක් ඉන්නවා මෙයා ධර්මයේ හැසිරෙන නිසාම. ඉතින් මෙයා හදිසියේ මරණයට පත්වෙනවා. මැරුණට පස්සෙ අර පිරිස එකතු වෙලා කියනවා, 'දෙන්න එපා ඕකට පාංශුකූලේ. ඕකගෙ මිනිය බල්ලන්ට කන්න දාපන්' කියල, කැලේකට ඇදල දානවා. දැන් මරණින් මත්තෙ එයා ඉපදුණේ තුසිත දිව්‍ය ලෝකයේ නම්, එයාට කිසිම ප්‍රශ්නයක් ඇතිවෙනවද?

සතියක්ම ගුණ ගැයූ සුන්දර දේහය 'බක - බක' ගෑවොත්?

තවත් කෙනෙක් ඉන්නවා. එයාට බුදුරජාණන් වහන්සේ කෙරෙහි පැහැදීමක් ඇත්තෙත් නැහැ. දුස්සීලයි. පැහැදිලි දහම් දැනුමකුත් නැහැ, ත්‍යාගයකුත් නෑ, ප්‍රඥාවකුත් නැහැ. දැන් එයත් මැරෙනවා. මැරුණට පස්සෙ, පාරවල් සරසලා, සුදුවැලි අතුරල, විළඳ මී පැණි ඉහිමින්, සුදු සඳුන් පෙට්ටියක දාල, සතියක් එයාගෙ ගුණ කියල, තාප්ප පුරා ඒ ගුණ අලවල, ඔන්න ආදාහනය කරනවා. ආදාහනයෙන් පස්සෙ, එයා සුගතියෙ ගියා කියලා, ඒගොල්ලොම කියනවා. ඉතින් ඒක අහගෙන ඉන්න අයත් 'අනේ ඒ වගේ මරණයක් අපටත් ඇත්නම්..' කියල කියනවා. මොකද ඒ අහගෙන ඉන්න අයටත් සේඛ බල නැති නිසයි එහෙම කියන්නේ. නමුත් ඒ කෙනා මරණින් මත්තෙ ගෙම්බෙක් වෙලා තිරිසන් ලෝකයේ ඉපදුණොත්, අර කරපු කිසිම දේකින් ඵලක් තියෙයිද?

සුගතියට අදාළ පංච සේඛ බලයන්

සුගතියට අදාළ දේ මොකක්ද? සුගතියට අදාළ දේ පංච සේඛ බලයන් තුළ සිටීමයි. දැන් අපි මොන විදිහට

මරණයට පත්වේවිද කියල කියන්න අපි දන්නෙ නැහැ. එක වරක් සුනාමි ආවා. එක පාරම ඔක්කොම ගියා. බැකෝ වලින් වලවල් හාරල, එක දිගට ඉටිරෙදි දාලා, පස් යට කළා. අරයා කවුද, මෙයා කවුද, කියල හොයාගන්න පුළුවන් වුණාද? මොන ගුණ ගායනාද? ඒකෙන් තේරුම් ගන්න, සත්‍යය මොකක්ද කියන එකයි අපට වැදගත් වෙන්නේ. ඒ නිසා අපි පවතින්න ඕන සත්‍යය තුළමයි. යම් කෙනෙක් සේඛ බල පහ තුළ සිටියා නම් අන්න ඒක විතරයි එයාට අදාළ වෙන්නේ. දැන් මිනිස්සු මැරෙන හැටි බැලුවහම, සමහර විට බෝම්බයකට අහුවෙලා, මිනියවත් හොයා ගන්න බැරි මරණයකට, ඒ සේඛ බල ඇති කරගත්තු කෙනාත් පත්වෙන්න පුළුවන්. අසත්පුරුෂ බාලයො නිසයි ඒ වගේ ඛේදවාචක සිද්ධ වෙන්නේ. එතකොට අසත්පුරුෂ බාලයෙකුගෙ වැඩකට එයා අහුවුණොත් එයාට මොනවත් පාඩුවක් වෙන්නෙ නැහැ. එයාට මේ කය අත්හරිනකොටම තුසිතයේ ඉපදෙන්න පුළුවන්. සේඛ බල තියෙන කෙනා නිතරම සුගතියේ හිත පිහිටුවාගෙනයි ඉන්නේ. ඉතින් මොන බයක්ද?

අස්ථිර ලෝකේ රැකවරණයක්

පින්වත්නි, මේ යුගයේ අපි විශේෂයෙන්ම සේඛ බල පිහිටුවා ගත යුතුයි. මොකද ජීවිතයේ අස්ථිර බව බොහොම වැඩියි. එබඳු ලෝකයක අපට සුගතිය පිණිස තියෙන රැකවරණයමයි වැදගත් වෙන්නේ. ඒ සඳහා තියෙන ආරක්ෂාවත්, මේ ජීවිතය තුළ තියෙන රැකවරණයත් සේඛ බල පහමයි. ඒ නිසා පින්වත්නි, අපි මේ සේඛ බල පහ ගැන හිතමින් නුවණින් විමසමින් ම ඒවා ඇති කරගන්න ඕන.

බුදුගුණ ගණන් කරන ශ්‍රද්ධාවක්?

මට හමුවුණු එක සීයා කෙනෙක්, 'ස්වාමීනි, මම බුද්ධානුස්සතිය තුන් කෝටියක් වැඩුවා' කියල කිව්වා. ඉතින් මට දුක හිතුණා. මොකද කවුරුහරි කෙනෙක් ඒ සීයාට වැරදි විදිහට උපදෙස් දීමෙනුයි එහෙම කරල තියෙන්නේ. ඉතිපිසෝ ගාථාව කියපු වාර ගණනෙන්, එයා හිතුවා ශ්‍රද්ධාව පිහිටනවා කියල. එහෙම ශ්‍රද්ධාව පිහිටන්නෙ නෑ නෙව! ඒක බුදු දහම නෙවෙයි. මට හමුවුණා ඔය ආකාරයේම සාධුවරයෙක්. වයසක සාධුවරයෙක්, හරිම හොඳ කෙනෙක්, ඉන්දියාවෙ හිටපු කෙනෙක්. එයා දවසක් මට කියනවා, "මගේ ප්‍රශ්නය නම් දැන් හරි" කියලා. මං ඇහුවා, "මොකක්ද?" කියලා.

"හරේ රාමා.... හරේ ක්‍රිෂ්ණා.. ක්‍රිෂ්ණා.. ක්‍රිෂ්ණා.. හරේ හරේ .... කියල කෝටි වාරයක් හිතල, කෝටි වාරයක් කිව්වා"

එතකොට ඉතිපිසෝ ගාථාව කීමෙයි, මේ සිද්ධියෙයි වෙනසක් තියෙනවද? ඉතිපිසෝ භගවා අරහං... කියල එයා ඒක ගණන් කරනවා. දැන් මම මෙච්චර වාරයක් බුදුගුණ කියල තියෙනවා කිව්වොත් ඒක හරිද? ඒක වැරදියි. ඒක බුදු දහම නෙවෙයි.

තථාගතයන් වහන්සේගේ අවබෝධය ගැන ශ්‍රද්ධාවක්

බුද්ධ දේශනාවේ ශ්‍රද්ධාව පෙන්වා දෙන්නෙ කොහොමද? **(සද්ධහති තථාගතස්ස බෝධිං)** තථාගතයන් වහන්සේගේ අවබෝධය අදහා ගැනීම ශ්‍රද්ධාවයි. දැන් තේරෙනවා නේද ශ්‍රවණයේ තියෙන වටිනාකම ගැන!

අපි හරියටම මේ බව අහල තිබුණෙ නැත්නම් අපටත් වරදිනවා.

බුද්ධානුස්සතියෙන් කුසල් වැඩෙන හැටි

දැන් කෙනෙක් කියන්න පුළුවන්, 'එහෙම වෙන්නෙ කොහොමද? ඉතිපිසෝ ගාථාව කිය කියා ඉන්නකොට කුසල් වැඩෙනවා අකුසල් ප්‍රහාණය වෙනවාමයි' කියල. එයා කියන්න පුළුවන්, ඉතිපිසෝ ගාථාව අල්ලගෙන ඒක හිතනකොට, ඒක සිහි කර කර ඉන්න කොට, හිතේ අකුසල් ප්‍රහාණය වෙලා කුසල් වැඩෙනවා කියල. නමුත් අර විදිහට කළාට කුසල් වැඩෙන්නෙ නැහැ.

නුවණින් අර්ථ වශයෙන් බුදු ගුණ සිහි කිරීමෙන් තමයි කුසල් වැඩෙන්නේ, කොහොමද නුවණින් අර්ථ වශයෙන් බුදු ගුණ මෙනෙහි කරන්නේ? 'බුදුරජාණන් වහන්සේ මේ මේ කරුණින් අරහං වන සේක' කියල, ඒ කාරණා සිහි කරන්න ඕන. මේ මේ කාරණා නිසා විජ්ජාචරණ සම්පණ්ණයි කියල සිහි කරන්න ඕන. මේ මේ කරුණු නිසයි ලෝකවිදූ කියල, ඒ විදිහට සිහි කිරීමෙන් තමයි කුසල් වැඩෙන්නේ.

කාමයන් ඉක්ම වූ සැපයක් බුදුරජාණන් වහන්සේ නිසයි

ඒ විදිහට කුසල් වැඩෙන්න නම් බුද්ධ දේශණා කියවන්නට ඕන. මට හොඳට පැහැදිලි කාරණයක් තමයි, බුද්ධානුස්සතිය වැඩෙන්නේ බුද්ධ දේශණා කියවන අතරෙදියි කියලා. මං කල්පනා කළා, 'අනේ බුදුරජාණන් වහන්සේ පහළ නොවෙන්න අපි මේ සැපය කිය කියා හිතන්නේ කාමය විතරයි නේද' කියල. ඇසෙන් රූප දැකීම,

කණෙන් ශබ්ද ඇසීම, නාසයෙන් ගඳ සුවඳ ආඝ්‍රාණය කිරීම, රසවත් කෑම කෑම, ඊළඟට කයට සැප පහස ලබා ගැනීම කියන මේවට නේද අපි මේ සැපයි, සැපයි කිය කියා පස්සෙන් දුවන්නේ. එතකොට මේවා ඉක්මවා ගිය සැපයකුත් තියෙනවා කියල හිත පහදින්න කවදාවත් අපට අවස්ථාවක් නැතිවෙනවා.

හිතමිතුරු සැපය බුදුරජාණන් වහන්සේ නිසයි

ඊළඟට බුදුරජාණන් වහන්සේ පහළ නොවෙන්නට අපි මේ ද්වේෂය නේද සැපයි සැපයි කියල හිතන්නේ? ද්වේෂය තුළ ඊර්ෂ්‍යා කරමින් සැපයක් විඳිනවා. නින්දා අපහාස කර කර, ගරහමින්, පළිගනිමින් සතුටක් ලබනවා. ඒක තමයි ද්වේෂයේ තියෙන මිහිර. විෂ මුල් ඇති, මිහිරි අග කියල කියන්නෙ ඒ නිසයි. ද්වේෂයෙන් පෝෂණය වෙවී සතුටු වෙනවා. ද්වේෂයෙන් තොර වූ සැපයක් තියෙනවා කියල අපි දැනගත්තෙ බුදුරජාණන් වහන්සේ නිසා නේද? ජීවිත අවබෝධයක් අපට නැහැ. අපට එහෙම අවබෝධයක් නැතුව, 'දන්නවා අවබෝධ වුණා' කියල ලොකුවට හිතාගෙන ඉන්නවා, හයියෙන්, විශාලෙට. එහෙම හිතුවොත් පාඩුව අපටමයි.

විද්‍යාව පහළ වීමේ සැපය බුදුරජාණන් වහන්සේ නිසයි

නමුත් අද අපට ඒ විදිහට නැතුව මේ නිහතමානීව කල්පනා කරන්න ලැබිල තියෙන්නේ... 'අපි මොනවද දන්නේ ජීවිතය ගැන' කියල. දෙව්ලොව, බඹලොව, මේ ලෝකය, ප්‍රේත ලෝකය, තිරිසන් ලෝකය, නිරය ගැන

බලද්දී, ඊළඟට මාර්ගය ගැන බලද්දී, ආර්ය සත්‍යය ගැන විමසද්දී, අපි මොනවා දන්නවාද? විද්‍යාව පහළ කර ගැනීමෙන් ම නේද සැපය ලැබෙන්නේ. එහෙම හිතද්දී හරී පැහැදීමක් ඇතිවෙනවා. 'අනේ අපේ ශාස්තෘන් වහන්සේ මොනතරම් ධර්මයක් අපට කියා දීලා තියෙනවද' කියල විශාල පැහැදීමක් ඇතිවෙනවා.

ශ්‍රද්ධාව ඇතිවීම නුවණින් විමසීමෙන්මයි

ඉතින්, මේ නිසා පින්වත්නි, අන්න ඒ විදිහට නුවණින් මෙනෙහි කිරීමයි, ශ්‍රද්ධාව ඇතිවෙනවාය කියල කියන්නේ. එහෙම නැතිව ජප කිරීමෙන් ශ්‍රද්ධාව ඇතිවෙන්නේ නැහැ. ඒක ශ්‍රද්ධාව ඇතිවෙන මාර්ගයක් නෙවෙයි. ඒක බුද්ධානුස්සතියත් නොවෙයි.

අපි හිතමු, කෙනෙකුට බයක් තැතිගැනීමක් ඇති වෙනවා. ඒ වෙලාවට මොකක්ද කරන්න ඕන එයා? අන්න ඒ වෙලාවට නම්, මාගේ ශාස්තෘන් වහන්සේ අරහං වන සේක, සම්මා සම්බුද්ධ වනසේක. විජ්ජාචරණසම්පන්න වන සේක... ආදී වශයෙන් මෙයා වේගෙන් කියනවා. එතෙන්දි එයා මේ කියන්නෙ තමන්ගෙ ශාස්තෘන් වහන්සේ ගැන ලොකු විශ්වාසයකින් යුතුවයි. ඒ නිසා අර ඇතිවෙච්ච බය දුරු වෙනවා. විශ්වාසයෙන් යුතුව බුදුගුණ කියද්දි අමනුෂ්‍යයො දුවනවා.

බුදුගුණ කියද්දි අමනුෂ්‍යයින් බයවෙලා දුවන්නෙ මොකද? බුදුරජාණන් වහන්සේ දේශණා කළා, 'මහණෙනි, පා ඇති සතුන් ඇද්ද, දෙපා ඇති සතුන් ඇද්ද, සිවුපා ඇති සතුන් ඇද්ද, බොහෝ පා ඇති සතුන් ඇද්ද, පාද රහිත සතුන් ඇද්ද, රූපවත් සතුන් ඇද්ද, අරූපවත් සතුන් ඇද්ද, සඤ්ඤා සහිත සතුන් ඇද්ද, සඤ්ඤා රහිත සතුන් ඇද්ද,

මේ ලෝකයේ සියලු සත්වයින් අතර තථාගත අරහත් සම්මා සම්බුදුරජාණන් වහන්සේ අග්‍රයි' කියල. එතකොට ඒ සියලු සත්වයින් අතර අග්‍ර වූ තථාගත අරහත් සම්මා සම්බුදුරජාණන් වහන්සේ ගැන තමයි වේගෙන් කියාගෙන යන්නේ. 'මාගේ ශාස්තෘන් වහන්සේ මේ ගුණවලින් යුක්තයි' කියල තමන් ලොකු විශ්වාසයකින් යුතුවයි මේ කියන්නේ. එහෙම විශ්වාසයෙන් යුතුව කියනකොට අර පිසාචයා දුවනවා. ඒ පිසාචයාට ඒ බුදුගුණවල ප්‍රබල බව වදිනවා හරියට ගිනි සැර වැදෙනවා වගේ. ඒ නිසයි දුවන්නේ.

පංච සේඛ බල අවබෝධය තුළයි

දැන් ඔබට තේරෙන්න ඇති, මේ ශ්‍රද්ධාව ඇති කර ගැනීම කරන්න ඕන අවබෝධයෙන්මයි. සීලය ඇති කර ගැනීම කරන්න ඕන අවබෝධයෙන්මයි. ශ්‍රැතය ඇති කර ගන්න ඕන අවබෝධයෙන්මයි. චාගය ඇති කර ගන්න ඕන අවබෝධයෙන්මයි. ප්‍රඥාව ඇතිවෙන්නෙ අවබෝධයෙන්මයි.

අවබෝධයකින් තොරව කියන්නන් වාලෙ කෙනෙක් කියනවා, "හා... දැන් මට හරි. දැන් මට ශ්‍රද්ධාව තියෙනවා. පන්සිල් කඩන්නෙ නැතිව දවසක් ඉඳල, 'මගේ සීලය හරි,' කියනවා. එක බණ පොතක් බලනවා, එක කැසට් පටියක් අහනවා, ඊට පස්සෙ 'ඔන්න මගේ ශ්‍රැතය හරි' කියල කිව්වොත්, ඒක එහෙම වෙනවද? එහෙම වෙන්නෙ නැහැ. ඔන්න එයා කෙසෙල් ගෙඩියක් දෙනවා කාටහරි. දීලා කියනවා, 'මගේ ත්‍යාග සම්පත් හරි මට' කියල. එයා ඇස අනිත්‍යයි, කණ අනිත්‍යයි කියල විනාඩි දෙකක් මෙනෙහි කරනවා. ඊට පස්සෙ 'හා... දැන් මම ප්‍රඥාවෙන්

සමන්විතයි' කියල කියනවා. එහෙම කිව්වට ඒ විදිහට සිද්ධ වේවිද? එහෙම වෙන්නෙ නැහැ. එහෙම වෙනවා නම් මේ වැඬේ හරි ලේසියි. නමුත් එහෙම සිද්ධ වෙන්නෙ නැහැ. කවුරුහරි මේ විදිහට පංච සේඛ බල තියෙනවා කියල හිතුවොත් ඒක විහිළුවක් විතරයි, ඇත්තක් නම් නෙවෙයි.

කැමැත්ත, වීර්යය, නුවණ ඇත්නම් සේඛ බල දුර නොවේ

පංච සේඛ බල වැඩෙන්න නම් නුවණින් මෙනෙහි කර කර, නැවත නැවත මේ කරුණුවල යෙදෙන්නට ඕන. යළි යළි බුදුගුණ, ගුණ වශයෙන් මෙනෙහි කරන්න ඕන. නැවත නැවත ශ්‍රද්ධාවේ හිත පිහිටුවා ගන්න ඕන. එතකොටයි බුදුරජාණන් වහන්සේ කෙරෙහි හිත පහදින්නේ. නැවත නැවත සිහියෙන් යුතුව සීලයෙහි පිහිටන්න ඕන. නැවත නැවත ධර්ම ශ්‍රවණයෙහි යෙදෙන්නට ඕන. නැවත නැවත සූත්‍ර දේශණා ශ්‍රවණය කරන්න ඕන. නැවත නැවත සූත්‍ර දේශණා කියවන්න ඕන. සමාජය තුළ නිතර කතාවෙනවා නම්, මේවා තේරුම් ගැනීම පහසු වෙනවා. ඒ නිසා සූත්‍ර දේශණා කොයිතරම් කියෙව්වත් පාඩුවක් නැහැ. ඒක ලාභයක්මයි. ඊළඟට චාග සම්පත නුවණින් යුක්තව, ලද හැම අවස්ථාවකදීම නැවත නැවත ඇති කරගන්න ඕන. නැවත නැවත බුද්ධ දේශණා නුවණින් විමසමින් ප්‍රඥාව ඇතිකර ගන්න ඕන.

කළ්‍යාණමිත්‍රයන් සමඟ ආලෝකය තුළින්

මේ සඳහා උදව් වෙන්නෙ කවුද? කළ්‍යාණමිත්‍රයා තමයි අපට තියෙන එකම පිහිට. කළ්‍යාණමිත්‍රයාත් හොඳට නුවණින් විමසලා හඳුනාගත යුතු කෙනෙක්. ඒ විදිහට

කල්‍යාණමිත්‍රයන් හඳුනාගෙන, සත්පුරුෂයින්ව හඳුනාගෙන, සත්පුරුෂ ධර්මය හොඳට හඳුනාගෙන, නුවණින් යුතුවම යා යුතු ගමනක්. මේක මේ අඳුරේ යන්න පුළුවන් ගමනක් නෙවෙයි. අනිත් ඕන දෙයක් අඳුරේ අතපත ගගා කරන්න පුළුවන්. ධර්ම මාර්ගය විතරක් එහෙම කරන්න බැහැ.

සිහිය නුවණ ඇතිව ධර්මයේ පිළිසරණ ලබාගන්න

මේ සඳහා අනිවාර්යයෙන්ම හොඳ සිහියක් හොඳ නුවණකුත් අවශ්‍යයි. ධර්මය තේරුම් ගන්න පුළුවන්කම තියෙන්නත් ඕන. ඒ ධර්මය නුවණින් විමසන්න පුළුවන්කම තියෙන්නත් ඕන. බුද්ධ දේශණා ආශ්‍රයෙන් හැම තිස්සේම හිතන්න ඕන, **(කළ්‍යාණං වා පාපකං වා)** තමන් යම්කිසි යහපත් දෙයක් කරනවා ද, තමන් යම්කිසි පව්ටු දෙයක් කරනවා ද **(තස්ස දයාදෝ භවිස්සාමි)** මට ඒක දායාද හැටියට ලැබෙනවා. මේ අවබෝධය වැදගත් වෙනවා, සේඛ බල දියුණු කරගන්නට. තමා තමන්ව පිළිසරණ කරගෙනයි මේක කරන්න ඕන. තමා තමන්ව පිළිසරණ කරගෙන, තමා ධර්මය පිළිසරණ හැටියට තියාගන්න ඕන.

මේ ධර්මය පිහිට පිළිසරණ කරගෙන අප හැම දෙනාටම මේ ගෞතම බුද්ධ ශාසනය තුළ ශ්‍රද්ධාව වැඩේවා! සීලය වැඩේවා! ශ්‍රැතය වැඩේවා! ත්‍යාගය වැඩේවා! ප්‍රඥාව වැඩේවා! අප සියළු දෙනාට ම මේ ගෞතම බුද්ධ ශාසනයේ උතුම් චතුරාර්ය සත්‍ය අවබෝධ කරගන්නට වාසනාව ලැබේවා!

සාදු! සාදු!! සාදු!!!

නමෝ තස්ස භගවතෝ අරහතෝ සම්මාසම්බුද්ධස්ස
ඒ භාග්‍යවත් අරහත් සම්මා සම්බුදුරජාණන් වහන්සේට නමස්කාර වේවා!

02.
පත්තකම්ම සූත්‍රය

(අංගුත්තර නිකාය - 2, චතුක්ක නිපාතය)

පින්වතුනි, පින්වත් දරුවනි,

අපි දැන් සූදානම් වෙන්නේ අංගුත්තර නිකාය හතර වන නිපාතයට අයත් සූත්‍ර දේශනාවක් ඉගෙන ගන්නටයි. මේ සූත්‍ර දේශනාවේ නම පත්තකම්ම සූත්‍රය. සැවැත් නුවර ජේතවනාරාමයේ වැඩසිටිය බුදුරජාණන් වහන්සේව බැහැදකින්නට අනාථපිණ්ඩික සිටුතුමා පැමිණුනා. ඒ පැමිණි අවස්ථාවේ දී අනාථපිණ්ඩික සිටුතුමාටයි මේ පත්තකම්ම සූත්‍රය දේශණා කොට වදාළේ.

දුර්ලභ ප්‍රියමනාප කරුණු 4ක්

උන්වහන්සේ දේශනා කරනවා, "පින්වත් ගෘහපතිය, මේ ලෝකයේ තියෙනවා කරුණු හතරක්, මේ කරුණු හතර ඉතාම දුර්ලභයි. හැබැයි මේවා ඉතා හොඳ, ඉතා යහපත්, ඉතා වටිනා ප්‍රියමනාප කරුණු." ඒ ප්‍රියමනාප

දුර්ලභ කරුණු හතර ගැන බුදුරජාණන් වහන්සේ කියා දෙනවා.

1. ධාර්මිකව මුදල් ඉපයීම

කෙනෙකුගේ හිතේ ඇතිවෙන පළමුවෙනි ඉතා යහපත් ප්‍රියමනාප, වටිනා, සොඳුරු කාරණය තමයි. "මට ධාර්මිකව භෝග සම්පත් හරිහම්බ කරන්න ලැබේවා!" කියන එක. කෙනෙකුට ධනය තියෙන්න පුළුවන්. යාන වාහන තියෙන්න පුළුවන්, ඉඩකඩම් තියෙන්න පුළුවන්, දේපල වස්තුව තියෙන්න පුළුවන්, හැබැයි ඒවා අධාර්මිකව හම්බ කළ දේවල් නම්..? එතකොට යම්කිසි තැනක ධාර්මිකව හරිහම්බ කිරීමක් ගැන කතා කරනවා නම්, අධාර්මික කෙනාගෙ හදවත චෝදනා කරනවා, 'මම හරි හම්බ කළ දේවල් ධාර්මික නෑ. මම හම්බ කළ දේවල් සාධාරණ නෑ' කියල, සාධාරණව හම්බ කිරීමක් ගැන කතා කරන වෙලාවට එයාගේ හිතට යම්කිසි චෝදනාවක් එන්න පුළුවන්. එයා ඒක පිටට පෙන්වන එකක් නෑ. නමුත්, එයාගෙ හිතට ඒ චෝදනාව ඇතිවෙන්න පුළුවන්. ඒ නිසයි බුදුරජාණන් වහන්සේ පෙන්වා දුන්නේ, මේ ලෝකයේ තියෙන දුර්ලභ දෙයක් වගේම ඉෂ්ට කාන්ත මනාප වූ සුන්දර කාරණාවක් තමයි, ධාර්මිකව ධනසම්පත් උපයා ගන්න ලැබීම කියලා.

ඒ කියන්නේ තමන්ගේ ව්‍යාපාර, රැකිරක්ෂා, මුදල් හම්බ කරන ක්‍රම, ඒ කිසි දෙයකින් කාටවත් හානියක් වෙන්නෙ නැති, කාගෙවත් දේවල් අසාධාරණ විදිහට කඩා වඩා ගන්නෙ නැති, සූරා කෑමක් සිද්ධ වෙන්නෙ නැති විදිහට, ධාර්මිකව යම්කිසි කෙනෙකුට, හරි හම්බ කර ගන්න පුළුවන් නම්, ඒක ලෝකයේ දුර්ලභයි කියල

බුදුරජාණන් වහන්සේ වදාළා. එහෙනම් ලෝකයේ සුලභ දෙයක් තමයි අධාර්මිකව හම්බ කිරීම. ලෝකයේ එක එක්කෙනා එක එක විදිහට අධාර්මිකව හරි හම්බ කරනවා. එතකොට අධාර්මිකව හරි හම්බ කිරීම සුලභ දෙයක්. ඒක බොහෝ තැන්වල තියෙන දෙයක්.

හැබැයි ධාර්මිකව ධනය උපයනවා නම්, ඒක දුර්ලභ දෙයක්. ඒ දුර්ලභ පළවෙනි කාරණය මේ ලෝකයේ තියෙනවා කියලා බුදුරජාණන් වහන්සේ දේශණා කළා. කෙනෙකුට ඇතිවෙනවා නම් හැඟීමක්, කාටවත් හිරිහැරයක්, කරදරයක්, වංචාවක් නැතුව, මට සුවසේ ධාර්මිකව භෝග සම්පත් උපයා ගන්න ලැබේවා කියල, ඒ වගේම ඒක කෙනෙකුට ඉෂ්ට කරගන්නත් පුළුවන් නම්, අන්න ඒක දුර්ලභ දෙයක්.

2. පවුලේ උදවිය, ඥාතීන් ධාර්මිකව දියුණුවට පත්වීම

ඊළඟ එක තමයි, ඒ වගේ භෝග සම්පත් ලැබුණාට පස්සේ ඒ භෝග සම්පත් එක්කම, ඒ කියන්නේ ධනධාන්‍ය, ඉඩකඩම්, දේපල, යානවාහන වගේ මොනවහරි දෙයක් හම්බ කරගත්තට පස්සේ, මගේ ඥාතීන්, මගේ පවුලේ පිරිසත් ඒත් සමඟම දියුණුවට පත්වේවා, ධාර්මිකව දියුණුවට පත්වේවා! කියන එක, ලෝකයේ තියෙන දුර්ලභ කාරණාවක් බව බුදුරජාණන් වහන්සේ දේශණා කළා.

එතකොට පළවෙනි දුර්ලභ කාරණය ධාර්මිකව හරි හම්බ කරලා, ලොකු ධනයක් ධාර්මිකව රැස්කිරීම ලෝකයේ තියෙන දුර්ලභ එකක්. ඒ වගේම බුදුරජාණන් වහන්සේ වදාළා, 'ගෘහපතිය, කෙනෙක් ධාර්මිකව ධනය හම්බකරනවා, හම්බ කළාට පස්සේ තමන්ගේ දූදරුවෝ

ඉන්නවා, ඥාති මිත්‍රාදීන් ඉන්නවා, ඒ අයත් ධාර්මිකව දියුණු වෙනවා, ඉගෙන ගන්නවා, එයාලත් ව්‍යාපාර කරනවා, ඒගොල්ලොත් ධාර්මිකව තමන්ගේ ව්‍යාපාර පටන් ගන්නවා, ඒගොල්ලොත් ධනයෙන් දියුණු වෙනවා. ඥානයෙන් දියුණු වෙනවා, ගුණයෙන් දියුණු වෙනවා නම්, ඒ විදිහට බලාපොරොත්තු වීමත් මේ ලෝකයේ තියෙන දුර්ලභ කාරණයක්. ඒක දෙවන දුර්ලභ කරුණ.

ධාර්මිකව හම්බ කළත් දරුවන් අසාර්ථක නම්

දැන්, කෙනෙක් ඉන්න පුළුවන් ධාර්මිකව හම්බ කරනවා. හැබැයි දරුවෝ අසනීපයි. එක්කෝ ලෙඩ වෙලා. එක්කෝ එයාලා හරියට ඉගෙන ගන්නෙ නෑ. දෙමව්පියෝ ධාර්මිකව හම්බ කරනවා. ළමයි මත්ද්‍රව්‍යවලට ඇබ්බැහි වෙලා, එක්කෝ වැරදි කාම සේවනයෙන්, එහෙම නැත්නම් වෙන මොනවහරි දෙයකින් විනාශ වෙලා. එතකොට ධාර්මිකව හම්බ කළාට හිත ඇතුලෙ ලොකු වේදනාවක් තියෙනවා. 'අනේ ! මම හම්බකළ දේවල්වලට මේ මොකද වෙන්නෙ' කියලා.

ඉතින් එහෙම නැතිව, තමන් ධාර්මිකව උපයා සපයා ගත්ත වස්තුව සුවසේ ධාර්මිකව පරිහරණය කරන දූදරුවෝ, නෑදෑයෝ, අඹුදරුවෝ ඒ සමඟම දියුණු වීම මේ ලෝකයේ තියෙන දුර්ලභ වූ දෙවැනි කාරණාවයි.

3. ධාර්මිකව දියුණු වූ අයත් සමඟම බොහෝ කල් ජීවත්වීම

දැන් මෙයා ධාර්මිකව සල්ලි හම්බ කරලා, හිත චෝදනා කරන්නෙ නැතිව, ඉඩකඩම්, ගෙවල් දොරවල්

යානවාහන හැමදේම ඇතුව ඉන්නවා. ඒ වගේම අඹු දරුවෝ, නෑදෑයෝ, යාළු මිත්‍රාදීන් සියළු දෙනාම දියුණු වෙනවා. ඒ අය ඉගෙන ගන්නවා. ව්‍යාපාර පටන් ගන්නවා. ඒගොල්ලොත් ලස්සනට දියුණු වෙලා යනවා. එතකොට කරුණු දෙකයි. තුන්වෙනි කරුණ තමයි එහෙම ධාර්මිකව දියුණු වෙලා යන සියළු දෙනා සමඟ බොහෝ කල් ජීවත් වෙන්න ලැබීම.

සමහර කෙනෙක් ඉන්නවා, ධාර්මිකව දියුණු වේගෙන එනවා, නමුත් මෙන්න ව්‍යාපාර පටන් අරන් සුළු කලකදී එයා මැරිල යනවා. අකල් මරණයන්ට පත් නොවී, එයා බොහෝ කලක් දීර්ඝ ආයුෂ ලබනවා නම් ඒක දුර්ලභයි. ඒ තමයි තුන්වෙනි කාරණය.

4. දෙව්ලොව ඉපදෙන්නට ලැබීම

අපි ඉගෙනගත්ත පළවෙනි කාරණය මොකක්ද? ධාර්මිකව හරි හම්බ කර ගන්න ලැබීම කෙනෙකුට ලැබෙන දුර්ලභ වාසනාවක්. දෙවැනි දුර්ලභ වාසනාව මොකක්ද? ධාර්මිකව හම්බ කරගන්න වස්තුවත් සමගම තමන්ගේ අඹුදරුවෝ, ඥාතීන්, මිත්‍රයින් දියුණුවට පත්වීම. ධාර්මිකව දියුණුවට පත්වෙද්දී අනතුරක් කරදරයක් නැතිව බොහෝ කාලයක් ජීවත් වෙන්න ලැබීම, තුන්වෙනි වාසනාවයි.

ඒ විදිහට හොඳට හම්බ කරලා, ධනය උපයලා, සැපසේ වාසය කරලා, තමන්ගේ අඹුදරුවෝ, දූදරුවෝ, නෑදෑයෝ දියුණුවට පත්වෙලා, උසස් තත්වයට පත්වෙලා, ඒ වගේම තමනුත් නිදුක් නිරෝගීව කරදරයක් නැතිව සුවසේ ජීවත්වෙලා වයසට යනවා. වයසට ගිහිල්ලා මැරිල යනවා. මරණින් මත්තේ දිව්‍යලෝකයේ උපදින්න ලැබීම එයාට ලැබෙන හතරවෙනි වාසනාවයි.

බුදුරජාණන් වහන්සේගේ නුවණ නම් අසිරිමත් මයි!

එතකොට බලන්න පින්වත්නි, මේ ජීවිතය ගැන කල්පනා කරන කෙනෙක්, කල්පනා කරන්න ඕන මෙලොව ගැන පමණක් නෙවෙයි. අධාර්මිකව මෙලොව හරිහම්බ කරලා, පරලොවදී නිරයේ ගියොත්, ඒ හම්බ කරපු දෙයින් කිසිම ඵලක් නෑ. ඊළඟට ධාර්මිකව හම්බකරල, ඒ හම්බ කරගත්ත දේ තමන්ගේ පවුලේ අයට ප්‍රයෝජනයට ගන්න බැරි නම්, ඒ හම්බ කිරීමෙන් වැඩක් නෑ. ධාර්මිකව හම්බ කරලා තමන්ගේ ජීවිතේ අකාලේ විනාශ වුණොත්, ඒත් වැඩක් නෑ. එහෙම වෙලා මැරිලා දුගතියේ ගියොත් ඒත් වැඩක් නෑ. එතකොට බලන්න, බුදුරජාණන් වහන්සේ වදාළා, 'ගෘහපතිය, මේ වාසනා හතර ලෝකයේ දුර්ලභයි.' දැන් ඔබම හිතලා බලන්න බුදුරජාණන් වහන්සේ කියපු දේ ඇත්තක්ද කියලා. ඒක සම්පූර්ණයෙන් ම ඇත්තක්.

හිතට කරදර නැති සැපවත් ගිහි ජීවිතේ

කෙනෙකු ධාර්මිකව, ප්‍රශ්නයක් නැතුව, හිතට වධ දෙන්නෙ නැතුව, හොඳට සල්ලි හම්බු කරලා ව්‍යාපාර දියුණු කරගෙන, යාන වාහන තියාගෙන, පහසුවෙන් ඉඩකඩම් දේපල හදාගෙන ඉන්නවා නම්, එතකොට එයාට ධාර්මික සතුටක් එක්ක තමයි එයාගේ දේපල වස්තුව දියුණු වෙන්නේ. එතකොට ඒක එයාට ලැබෙන වාසනාවක් නෙමෙයිද? ඒක වාසනාවක්.

එහෙම නැතිව හරි හම්බ කළොත්, සමහර විට එයා ලොකු වාහනවල යයි, ඉඩකඩම් දේපල ගනියි, ගෙවළුත් ගනියි, නමුත් එයාගේ හිත කියනවා, 'මේවා අසාධාරණ සල්ලි' කියල. ඉතින් එහෙම චෝදනාවක් එනවා නම් ඒක

අධාර්මිකයි. එතකොට චෝදනාවක් නැතිව ධාර්මිකව හම්බ කිරීම ලෝකයේ තිබෙන දුර්ලභ දෙයක්.

අධාර්මික ධනය ඵල දෙන්නේ නැහැ

මට මතකයි, එක දවසක් එක්කෙනෙක් ඇවිත් මට කිව්වා, "අනේ, ස්වාමීන් වහන්ස, අපට හරියට ධනය තිබුණා, අපේ දෙමාපියෝ වැඩිපුර සල්ලි හම්බ කරන්න කියලා හිතාගෙන අධාර්මික රස්සාවල්වලට ධනය යෙදුවා. ඒ නිසා දැන් අපේ මුළු පවුලේ ම කිසිම දියුණුවක් නෑ." බලන්න, මේ අධාර්මික ව්‍යාපාරවලට ධනය යෙදුවට පස්සේ අධාර්මික ව්‍යාපාරවල ගොදුරු බවට පත්වෙලා යන හැටි! ඒක තමයි බුදුරජාණන් වහන්සේ දේශනා කළේ, මත්ද්‍රව්‍ය, මත්පැන්, ආයුධ ආදිය වෙළඳාම් කරන්න එපා කියලා. මස් පිණිස සත්තු වෙළඳාම් කරන්න එපා කිව්වා. වහල් වෙළඳාම් කරන්න එපා කිව්වා. වස විස වෙළඳාම් කරන්න එපා කිව්වා. සමහර විට ඒකෙන් ඉක්මනට ලාභ ලබන්න පුළුවන් වෙයි, නමුත් සිදුවෙන හානිය බොහොමයි.

එහෙම එකක් තමයි අර මුලින් කිව්වේ. එයාලා ධනය යොදවලා මත්ද්‍රව්‍ය විකුණලා, අන්තිමට තමන්ගේ සහෝදරයෝම ඒවා බීලා විනාශ වුණා. අධාර්මිකව හම්බකිරීම නිසා ඒ වගේ සිදුවීම් වෙනවා. ඒ නිසා ධාර්මිකව ධනය උපයන්න අවස්ථාව ලැබීම කෙනෙකුට ලැබෙන දුර්ලභ වාසනාවක්. අධාර්මිකව ධනය ඉපයුවොත්, ඒකත් ධනය තමයි. නමුත්, ඒ ධනය අධාර්මිකයි. ඒ නිසා, තව කෙනෙකු විපතකට කරදරයකට පත්වෙමින් නම් තමන්ට ඒ සල්ලි හම්බ වෙන්නෙ, ඒ සල්ලි වලින් සැප වින්දට, ඒවා තමන්ට විපාක දෙන්න කාලයක් එනවා. අන්න එදාට බොහෝ දුක් පීඩා විඳින්නට සිද්ධ වෙනවා.

යහපත් පවුලක්, හොඳ ඤාති පරපුරක්

ඊළඟට, පවුලේ කට්ටිය සුවසේ ධාර්මිකව වාසය කිරීම ගැන මේ දේශණාවේ තියෙනවා ලස්සනට. **(භෝගේ ලද්ධා)** භෝගය ලැබුණට පස්සේ **(සහධම්මේන යසෝ මං අබ්භුග්ගච්ඡතු සහඤාතීහි සහඋපජ්ඣායේහීති)** ධාර්මිකව, යසස පැතිරෙනවා. ඒ කියන්නේ කීර්ති රාවයක් ඇති වෙනවා. 'මේ අසවලාගේ පවුලේ අය, ඒ අය ධනය හොයාගෙන තියෙනවා. ඒ මහත්තයා නෝනා මෙහෙම යහපත්, දරුවෝ දියුණු වෙනවා....' මෙහෙම කියලා කීර්ති රාවයක් පැතිරෙනවා. එතකොට අන්න ඒකත් දුර්ලභයි කියල පෙන්වා දෙනවා.

දැන් අපට ඒක දුර්ලභයි කියලා තේරෙනවා. දැන් අපි ගත්තොත් ගොඩක් දෙනෙකුගේ ජීවිතවල මේ අංග හතර එකපාර දියුණු වෙලා තියෙනවාද? නෑ.... ඒක දුර්ලභයි.

ධාර්මිකව සල්ලි හම්බ කරලා, ධාර්මිකව ධනවත් වෙලා, ඊට පස්සෙ ධාර්මිකව තමන්ගේ නෑදෑයෝ, පවුලේ කට්ටිය දියුණුවෙන් දියුණුවට පත්වෙලා, ඊට පස්සේ ලෙඩක් දුකක් කරදරයක් නැතිව, දීර්ඝ ආයුෂ ඇතිව බොහෝ කාලයක් සුවසේ වාසය කරන්නට ලැබීම වාසනාවක්.

හතරවෙනි වාසනාව මොකක්ද? දීර්ඝායුෂ ලබමින් මරණයට පත්වෙලා, භූතයෙක් පෙරේතයෙක් නොවී, සතෙක් සර්පයෙක් නොවී, නිරයේ නොයා, දිව්‍ය කුමාරයෙක් වෙලා දිව්‍ය ලෝකයේ උපදින්න ලැබුණොත්, ඒක එයාගේ වාසනාවක් නේද? කියලා ඇහුවා.

දුර්ලභ, වාසනාවන්ත කරුණු හතර ලබා ගන්න ක්‍රමය

ඊට පස්සේ බුදුරජාණන් වහන්සේ වදාළා, පින්වත් ගෘහපතිය, ඔන්න ඔය වාසනාවන්ත කරුණු හතර ලැබෙන ක්‍රමයක් තියෙනවා. අන්න ඒ ක්‍රමය අනුගමනය කළොත් විතරක් ඒ දුර්ලභ දේ එයාට හම්බ වෙනවා. ඒ සඳහා තවත් කරුණු හතරක් බුදුරජාණන් වහන්සේ විසින් පෙන්වා දෙනවා.

පළමුවන කාරණය තමයි ශ්‍රද්ධා සම්පත්තිය. අනාථපිණ්ඩික සිටුතුමාට අමතනවා, පින්වත් ගෘහපතිය, මෙහිලා **(අරියසාවකෝ)** (එතකොට බුදුරජාණන් වහන්සේ සරණ ගිය කෙනාටයි ආර්ය ශ්‍රාවකයා කියලා කියන්නේ.) ආර්ය ශ්‍රාවකයා **(සද්ධෝ හෝති)** ශ්‍රද්ධාවෙන් යුක්ත වෙයි. **(සද්ධහති තථාගතස්ස බෝධිං)** තථාගතයන් වහන්සේගේ අවබෝධය අදහා ගනියි. ශ්‍රද්ධා සම්පත්තිය තමයි ආර්ය ශ්‍රාවකයාගේ තියෙන පළවෙනි සම්පත්තිය.

බුදුගුණ අදහා ගැනීමෙන්

ඒ තමයි, ඒ භාග්‍යවත් බුදුරජාණන් වහන්සේ, අරහං වන සේක, සම්මා සම්බුද්ධ වන සේක, විජ්ජා චරණ සම්පන්න වන සේක, සුගත වන සේක, ලෝකවිදූ වන සේක, අනුත්තරෝ පුරිසදම්ම සාරථී වන සේක, සත්ථා දේවමනුස්සානං වන සේක, බුද්ධ වන සේක, භගවා වන සේක, කියල අදහා ගැනීම. බුදුරජාණන් වහන්සේගේ මේ ගුණ අදහා ගැනීම තමයි ආර්ය ශ්‍රාවකයාගේ ශ්‍රද්ධා සම්පත්තිය.

චීන ක්‍රමයෙන් දුර්ලභ කාරණා හතර ලැබෙව්ද?

ශ්‍රද්ධා සම්පත්තිය නොතිබුණොත් එයා මොන මොනවා අදහා ගනීද කියල කියන්න අමාරුයි. අලුතින් එක එක දේවල් ඇවිත් තියෙනවා. ඉස්සර අපි අහල තිබුණේ නෑ චීන නම්, එක එක චීන ක්‍රම, චීන කෑම වර්ග, වගේ දේවල්. අලුතින් චීන්නු කියනවානේ, මේ විදිහට ගේ හදන්න, මේ විදිහට උළුවස්ස හදන්න, මෙතන 'ලාෆින් බුද්ධා' තියන්න කියලා. මේවා අපේ රටේ ඉස්සර තිබුණෙ නෑ නේද? මේ කාසිය එල්ලන්න, මේ කාසිය වතුරට දාන්න, කියල ඉස්සර කිව්වෙ නෑ නේද? එහෙනම් මේ මොකද්ද අපේ නැතිවුණේ? ශ්‍රද්ධා සම්පත්තියයි නැතිවුණේ. මම අහල තියෙනවා එක එක චීන ක්‍රම එනවා කියල. එතකොට අර සල්ලි හම්බකරන්න ආස එක්කෙනා, දියුණු වෙන්න ආස එක්කෙනා හිතනවා. 'දැන් එහෙනම්, චීන්නු දියුණු වෙලා යන්නේ මේ ක්‍රමය නිසයි.' එහෙම හිතල ඊට පස්සෙ චීන ක්‍රම පටන් ගන්නවා. එහෙනම් අපට අහිමිවුණේ ශ්‍රද්ධා සම්පත්තියයි.

ශ්‍රද්ධාව අහිමියි

තව කෙනෙක් කිව්වොත් එහෙම, 'මෛත්‍රී බෝසතාණන් වහන්සේ වන්දනා කරන්න පටන් ගන්න, එතකොට අපට ධනය ලැබෙනවා' කියල, එතකොට ඒක කරන්න පටන් ගන්නවා. දැන් මේ ඔක්කෝගෙන්ම අහිමි වෙන්නේ මොකද්ද? අහිමි වුණේ අපේ ශ්‍රද්ධාවයි. ගෞතම බුදුරජාණන් වහන්සේව සරණ ගියා නේද අපි? දැන් බලන්න, අපි පුංචි දරුවෝ වගේ! ශ්‍රද්ධාවට එන්න හදනවා, නමුත් එන්න බෑ. වෙන එකක් ඇවිල්ලා එක්කන්

යනවා අපිව වෙන පාරක. එහෙම වෙන්නෙ නැද්ද? එහෙම දේවල් හරියට වෙනවා ශ්‍රද්ධා සම්පත්තිය නැතිකමෙන්.

සත්බුදු වන්දනාව බුදු මුවින් දේශනා කළා

බුදුරජාණන් වහන්සේ අපට දේශනා කරලා තියෙනවා අතීතයේ වැඩසිටි බුදුරජාණන් වහන්සේලා ගැන. විපස්සී, සිඛී, වෙස්සභූ, කකුසඳ, කෝණාගමන, කාශ්‍යප, මේ තමයි අතීතයේ වැඩහිටිය බුදුරජාණන් වහන්සේලා. ඒක බුදු මුවින් වදාළ දෙයක්. එහෙනම්, අපි උන්වහන්සේලාට වන්දනා කිරීම, පූජාවල් පැවැත්වීම, උන්වහන්සේලාට ගෞරව සත්කාර කිරීම, උන්වහන්සේලා සරණ යෑම සුදුසුයි.

පසේ බුදුරජාණන් වහන්සේලාට වන්දනා කරන්න කිව්වා

ඊළඟට බුදුරජාණන් වහන්සේ ඉසිගිලි සූත්‍රයේදී පසේ බුදුරජාණන් වහන්සේලා ගැන දේශනා කළා. පසේ බුදුරජාණන් වහන්සේලා පන්සිය නමක් ගැන දේශනා කරලා කියනවා. **(වන්දථ අප්පමෙය්‍යාථ)** ගුණ වශයෙන් ප්‍රමාණ කරන්න බැරි ඒ පසේ බුදුරජාණන් වහන්සේලාට වන්දනා කරන්න කියලා. එතකොට ඒ පසේ බුදුරජාණන් වහන්සේලාට වන්දනා කිරීම ගැන බුදුරජාණන් වහන්සේ අනුමත කරලා තියෙනවා.

බෝසත්වරු වන්දනා කරන්න කිව්වේ නැහැ

කිසිම දේශනාවක බෝසත්වරු වඳින්න කියලා නැහැ. ඒක මහායාන සංකල්පයක්. අපි කිව්වොත්, 'ලාභයක්

ලබන්න බෝසත්වරු වඳින්න' කියලා, එහෙම දෙයක් ගැන ගෞතම බුද්ධ දේශනාවක නෑ. බුද්ධ දේශනාවේ පැහැදිලිව කියනවා පසේ බුදුරජාණන් වහන්සේලා වන්දනා කරන්න කියලා. ඉසිගිලි සූත්‍රයේ තියෙනවා, ඒ පසේ බුදුරජාණන් වහන්සේලාගේ ගුණ ගැනත්, නම් වශයෙනුත් විස්තර කරලා. ඒ පසේ බුදුරජාණන් වහන්සේලා කියන්නෙත් අරහත්වයට පත්වෙච්ච නිකෙලෙස් වූ උතුමන්.

නමුත් කොහෙවත් කියල නෑ බෝසත්වරුන්ට වන්දනා කරන්න කියලා. හැබැයි, මේ මහායානයේ 'අවලෝකිතේශ්වර', 'මංජු ශ්‍රී,' 'නාථ' කියලා හිතාගන්න බැරි ලස්සන ලස්සන නම් ගොඩක් දාලා තියෙනවා. මේ නම් දාලා මේ බෝසත්වරු වඳින්න, මේ බෝසත්වරු වැන්දාම අපට ලාභ ලැබෙනවා කියල කියාගෙන යනවා.

බුදුවදන් නොදන්නාකම විශාල පාඩුවක්

එතකොට භෝග සම්පත් ලැබෙන දේ දන්නෙ නැත්නම්, භෝග සම්පත් ලැබෙන්නේ කොහොමද කියලා දන්නෙ නැත්නම්, ධාර්මිකව භෝග සම්පත් ලැබෙන්නෙ කොහොමද කියල දන්නෙ නැත්නම්, ඒ කෙනා ඊට පස්සෙ බුදුරජාණන් වහන්සේව අත්හැරලා වෙන වෙන දේවල් සරණ යන්න පුළුවන්. ඒකට ඉඩ තියෙනවා.

බුදුරජාණන් වහන්සේ දේශනා කරනවා, පින්වත් ගෘහපතිය, ඉෂ්ට, කාන්ත, මනාප, මේ වාසනාවන්ත කරුණු හතර ලබාගන්න නම් වෙන හතරක් තියෙන්න ඕන කිව්වා. ඒ හතරේ, පළවෙනි එක තමයි සද්ධා සම්පදා. තථාගත අරහත් සම්මා සම්බුදුරජාණන් වහන්සේගේ අවබෝධය අදහා ගැනීම. විශ්වාස කිරීම, සිහි කිරීම, ඒ තථාගත බුදුරජාණන් වහන්සේ වන්දනා කිරීම. උන්වහන්සේට පුද

පූජා කිරීම. උන්වහන්සේට ගෞරව සත්කාර කිරීම. දැන් මේවා කරද්දී, උන්වහන්සේ ගැන අවබෝධයක් නැත්නම්, බුදුරජාණන් වහන්සේ අරහං, සම්මා සම්බුද්ධ, විජ්ජාචරණ සම්පන්න, සුගත.. ආදී මේ බුදු ගුණ ගැන තේරුම දන්නෙ නැත්නම් ඒකෙන් ඵලක් නැහැ.

අපි බුද්ධ පූජාව තැන්පත් කරන්නේ, බුද්ධානුස්සති පිනයි, බුද්ධෝපස්ථාන පිනයි රැස් කර ගන්නටයි. අපි හිතමු බුද්ධ පූජාව තියන්න බැරි වුණා එක දවසක, නමුත් එයාට බුද්ධානුස්සතිය වඩන්න බැරිද? පුළුවන්නේ. මේවා ගැන අපි දැනගන්න ඕන.

අනේ! මගේ බුදුරාජණන් වහන්සේගේ පුණ්‍ය මහිමය!

ඔබ අහල ඇති මහා පරිනිබ්බාන සූත්‍රයේ තියෙනවා, අවසාන මොහොතේ උන්වහන්සේ සල් ගස් දෙක යට සැතපී සිටිද්දී, අකලට සල් මල් පිපිලා, ඒ ශ්‍රී ශරීරය මත ඒ සල් මල් වැටුණා, දිව්‍ය සුගන්ධ පැතිරුණා. දිව්‍ය තූර්යනාද හඬ පැතිරුණා. එතකොට ආනන්ද ස්වාමීන් වහන්සේ කියා හිටියා, 'භාග්‍යවතුන් වහන්ස හරි පුදුමයි. මේ අකලට සල් මල් වැටෙනවා. පරසතු මදාරා මල් දිව්‍ය ලෝකෙන් වැටෙනවා. මේ දිව්‍ය සුගන්ධ පැතිරෙනවා, දිව්‍ය තූර්ය නාද ඇහෙනවා. භාග්‍යවත් බුදුරජාණන් වහන්සේට හැම තැනම පූජා පවත්වනවා.'

උතුම් බුද්ධ පූජාව ධර්මය අවබෝධ කිරීමයි

ඒ මොහොතේ උන්වහන්සේ වදාළේ, "ආනන්ද, මේවා කිසි වැඩක් නෑ. මං මේවා බලාපොරොත්තු වෙච්ච ඒවා නොවෙයි. යම්කිසි කෙනෙක් මා දේශනා කළ ධර්මය

අවබෝධ කරගන්න මහන්සි ගත්තොත්, ඒ තමයි මා වෙනුවෙන් කළ හැකි හොඳම පූජාව" කියලා. එතකොට බලන්න බුදුරජාණන් වහන්සේ අපේක්ෂා කළේ, ශ්‍රාවකයා ධර්මාවබෝධ කිරීම මයි.

ගෞතම බුදුරජාණන් වහන්සේගේ සරණින් ඈත්වෙලා, මේ දුර්ලභ දේ ලැබෙයිද අපට? මේ පත්තකම්ම සූත්‍ර දේශනාව හොඳ සූත්‍ර දේශනාවක්. ධාර්මිකව භෝග සම්පත් ලබන්න නම්, ධාර්මිකව භෝග සම්පත් ලබලා පවුලේ සියලු දෙනා ධාර්මිකව දියුණු වෙන්නට නම්, ධාර්මිකව භෝග සම්පත් ලබලා පවුලේ සියලු දෙනා ධාර්මිකව දියුණු වෙලා දීර්ඝායුෂ ලබන්න නම්, ධාර්මිකව භෝග සම්පත් ලබලා ධාර්මිකව පවුලේ සියළු දෙනා දියුණු වෙලා, දීර්ඝායුෂ ලබාගෙන, මරණින් මත්තේ දිව්‍යලෝකයේ ඉපදෙන්න නම්, අන්න ඒ දුර්ලභ කරුණු හතර ලබාගන්න කැමති නම් ඒ සඳහා ක්‍රමය උන්වහන්සේ පැහැදිලිව දේශනා කරලා තියෙනවා.

එතකොට කෙනෙක් හරිහැටි කරුණු දන්නෙ නැත්නම් එයා අනිවාර්යයෙන් ම අර බාහිර දේවල් කරා යන්න පෙළඹෙනවා. ඒ පෙළඹීම අහිංසක එකක්. ඒ පෙළඹීමට දොස් කියන්න බෑ. ඇයි හේතුව? ඒ පෙළඹෙන්නේ එයා දන්නෙ නැති නිසා නේ! ඒක පෙන්වා දෙන්න කෙනෙක් නැති නිසා පෙළඹෙනවා මිසක්, කරුණු හරිහැටි දන්නවා නම් එහෙම පෙළඹෙයි කියලා හිතන්න බැහැ.

ඉතින් මේ නිසා අර ධාර්මිකව හම්බ කිරීම කියන එක ඒ අහලකවත් නෑ. බොහෝ විට අධාර්මිකයි. එතකොට

ධාර්මිකව හම්බ කිරීම නමැති දුර්ලභ දේ, ධාර්මිකව හම්බ කරලා ධාර්මිකව දියුණු වීම, මේ වගේ දේ ලබන්න පළමු වෙනි කාරණය තමයි බුදුරජාණන් වහන්සේ කෙරෙහි ශ්‍රද්ධාව ඇති කරගැනීම.

අති උතුම් බලය දහම් ප්‍රචාරයට යොදා ගත්තේ නෑ

සමහර බුද්ධ දේශනාවල තියෙනවා ඒ කාලයේ බුදුරජාණන් වහන්සේ බෙහෙත් වර්ග නියම කරන හැටි. මෙන්න මේවා, කසාය වශයෙන් තම්බලා බොන්න කියනවා. ලෙඩ සනීප වෙනවා නම් පහසුවෙන් ම ලෙඩ සනීප කරන්න පුළුවන් කාටද? එහෙනම් අනිවාර්යයෙන්ම බුදුරජාණන් වහන්සේට වෙන්න ඕන නේද? උන්වහන්සේ ඉර්ධියෙන් සමහර අයගේ ලෙඩ දුක් සනීප කරලා තියෙන හැටි බොහෝ තැන්වල තියෙනවා.

එක්තරා උපාසිකාවක් හිටියා සුප්පියා කියලා. සුප්පියා තමන්ගේ කලවා කපලා දානෙ හදල දුන්නා. දැන් කකුල තුවාල කරගෙන ඉන්නවා. බුදුරජාණන් වහන්සේ ඒ ගෙදරට වැඩම කරලා 'සුප්පියා සුවපත් වේවා!' කියල කිව්ව ගමන් ම සුවපත් වුණා. බුදුරජාණන් වහන්සේ ඉර්ධිබලයෙන් ලෙඩ සනීප කරලා තියෙනවා. එතකොට සීවලී මහරහතන් වහන්සේගේ අම්ම ගැනත් එහෙම තියෙනවා. මෙහේ සෙත් පතන කොට, එහේ බබා ලැබෙනවා. ඒ වගේම සුභා තෙරණියගෙ ඇස සුවපත් වුණේ බුද්ධ බලයෙන්. ඒ වුණාට උන්වහන්සේ කවදාවත් ඒක මේ ධර්මය ප්‍රචාරය කරන මාධ්‍යයක් හැටියට පත්කරගත්තේ නැහැ.

නොමග යන මනුෂ්‍යයින් බේරා ගන්නේ සද්ධා සම්පත්තියෙනුයි

සාමාන්‍යයෙන් මිනිසුන්ගේ අසනීප දිහා බැලුවොත්, ඒ අයට ඕන කරන්නේ කොහොම හරි කමක් නෑ සුවකරන්නයි. ඒ කියන්නේ, ඒකේ ස්වභාවය තමයි මිනිස්සු ගොඩක් කල්පනා කරන්නේ නෑ. ඒ නිසා බොහෝම ලේසියෙන් මිනිස්සු නොමග යවන්න පුළුවන්. ඒ නිසා විශේෂයෙන් මනුෂ්‍යයන් කෙරෙහි කරුණාවන්ත වීම ඉතාම උපකාරී වෙනවා. මොකද අපට වුවමනා වෙන්නේ මනුෂ්‍යයන්ව නොමග යවන්න නෙමෙයි, මනුෂ්‍යයාව නොමගින් බේරා ගෙන සුමගට යවන්නයි. මොකද ඒකෙන් තමයි එයාගේ යහපත තියෙන්නේ. ඉතින් ඒ නිසා අපට තියෙන්න ඕන සද්ධා සම්පත්තිය. මුලින් කියපු දුර්ලභ වාසනා හතර උපදවා ගන්න අවශ්‍ය වෙන පළවෙනි කාරණය තමයි ශ්‍රද්ධාව. මොනවද ඒ වාසනාවන්ත කාරණා හතර?

1. ධාර්මිකව ධනවත් වීම.

2. ධාර්මිකව ධනවත් වෙලා පවුලේ සියලු දෙනා ධාර්මිකව දියුණු වීම.

3. ධාර්මිකව ධනවත් වෙලා පවුලේ සියලු දෙනා දියුණු වෙද්දී දීර්ඝ ආයුෂ විඳීම.

4. ධාර්මිකව ධනවත් වෙලා, පවුලේ සියලු දෙනා සමඟ ධාර්මිකව දියුණු වෙලා, දීර්ඝ ආයුෂ විඳලා, මැරුණට පස්සේ දෙව්ලොව ඉපදීම.

ඒ කිව්ව කාරණා හතර ඉෂ්ට කරගැනීමේදී උපකාරී වෙන පළවෙනි කාරණය සද්ධා සම්පත්තියයි.

සද්ධා සම්පත්තියෙන් දියුණුව කරා..

ආර්ය ශ්‍රාවකයා බුදුරජාණන් වහන්සේගේ බුදුගුණ නවයම අදහා ගන්නවා. උන්වහන්සේ තුළ තියෙන අවබෝධය, උන්වහන්සේගේ නිකෙලෙස් බව, උන්වහන්සේගේ සම්මා සම්බුද්ධත්වය, විජ්ජාචරණ සම්පන්න බව, සුගත බව, ලෝකවිදූ බව, අනුත්තරෝ පුරිසදම්මසාරථී බව, සත්ථා දේවමනුස්සානං බව, බුද්ධ බව, භගවා කියන මේ ගුණ නවයම අදහා ගන්නවා. ශ්‍රාවකයා විසින් ඒකාන්තයෙන් ම මේවා අපගේ ශාස්තෘන් වහන්සේ තුළ තිබිච්ච සත්‍යය වූ ගුණ කියල අදහා ගන්නවා. ඒක තමයි මේ ධාර්මික දියුණුවට වුවමනා වෙන පළවෙනි කාරණය.

සීලයටත් ශ්‍රද්ධා සම්පත්තිය මුල් වෙනවා

ඊළඟට බුදුරජාණන් වහන්සේ දෙවන කාරණය පෙන්වා දෙනවා. පින්වත් ගෘහපතිය, දෙවන කාරණය තමයි සීල සම්පත්තිය. ඒ තමයි ආර්ය ශ්‍රාවකයා සතුන් මැරීමෙන් වැළකී වාසය කරනවා, සොරකම් කිරීමෙන් වැළකී වාසය කරනවා, වැරදි කාම සේවනයෙන් වැළකී වාසය කරනවා, බොරුවෙන් වංචාවෙන් වැළකී වාසය කරනවා, මත්පැන් මත්ද්‍රව්‍ය පානයෙන් වැළකී වාසය කරනවා, මේක තමයි ඔහුගේ සීල සම්පත්තිය.

එතකොට කෙනෙකුට ධාර්මිකව දියුණු වෙන්න ඕන නම් ඒකට උපකාරී වන දේවල් තමයි මේ කියන්නේ.

දියුණුවට පත්වෙන පළවෙනි කාරණය මොකක්ද? ශ්‍රද්ධා සම්පත්තිය. ශ්‍රද්ධා සම්පත්තියට හානි වුණොත් මේ ඔක්කෝටම හානි වෙනවා. ඒ නිසා තමයි මේ බුද්ධ

දේශනාවේ හැමතැනම, හැම තිස්සෙම, හැම කාරණයකදීම ශ්‍රද්ධාව මුලින් තියෙන්නේ. ඒ මොකද? උන්වහන්සේව අදහා ගත්තු කෙනා තමයි උන්වහන්සේ අවබෝධයෙන් දේශනා කරපු දේවල් ආශ්‍රයෙන් හිතන්න පෙළඹෙන්නේ. උන්වහන්සේගේ ගුණ තේරුම් ගත්තෙ නැති කෙනා ඒ බුද්ධ දේශනා තිබුණත්, සමහර විට කියෙව්වත් පිළිගන්නෙ නෑ. සමහර විට සැක කරයි, ඕවා මේ කවුරු හරි, පස්සේ දාපු ඒවා කියයි. නොපිළිගන්න නම් ඕනතරම් කරුණු තියෙනවානේ. ඕන තරම් සාක්කි හදාගනියි, පිළිගන්නෙ නැතිව ඉන්න නම්!

නිරවුල් වෙන්න නම් නුවණ අවශ්‍යයි

පිළිගැනීම කියන එක එයා නුවණින් කල්පනා කරලා කරන්න ඕන එකක්. බුදුරජාණන් වහන්සේගේ බුද්ධ දේශනා හදාරද්දී, මේවා ඒකාන්තයෙන්ම සත්‍යයයි, ඒ බුදුරජාණන් වහන්සේ වදාළ දේශනාමයි කියලා ශ්‍රද්ධාවෙන් පිළිගන්න ඕන. දැන් ඒ සඳහා අපට ලොකු වාසනාවක් ලැබිල තියෙනවා. ඒ කියන්නේ දැන් අපට මේ හම්බවෙලා තියෙන පාලි ත්‍රිපිටකය මේ ලෝකයේ තියෙන, සියලු දෙනා පිළිගන්න නිවැරදි, නිර්මල, පිරිසිදු ත්‍රිපිටකයයි. ඒක අවුල් වෙලා නැති දෙයක්. එතකොට අපි මේවා පරිවර්තනය කරලා තියෙනවා. මේ එකකවත් තියෙනවද චතුරාර්ය සත්‍ය අවබෝධයට උපකාර නොවන දෙයක්? නැහැ. ඒ හැමදේකම තියෙනවා ජීවිතය අවබෝධ කරන දේ. බුද්ධ වචනයම අඩංගු පිරිසිදු ත්‍රිපිටකය අපට තියෙනවා.

ශ්‍රද්ධාවෙන් යුතුව සිල්වත්ව දියුණුවෙමින්

තමන් වහන්සේ ගැන අවබෝධය ඇති කරගත්තට

පස්සෙ, ශ්‍රද්ධාවන්තයා විසින් පංච ශීලය ආරක්ෂා කරන බව බුදුරජාණන් වහන්සේ දේශණා කරනවා. ඒක තමයි ශ්‍රද්ධාවන්තයා තුළ තියෙන සීල සම්පත්තිය. මෙයා සත්තු මරන්නේ නෑ. හොරකම් කරන්නේ නෑ. වැරදි කාම සේවනයේ යෙදෙන්නෙ නෑ. බොරු කියන්නෙ නෑ. කෙනෙක් ඉන්න පුළුවන් බොරුවක් කිව්වොත් එයාට පහසුවෙන් මුදලක් හම්බවෙනවා. එතකොට අධාර්මිකව ජීවත් වෙන කෙනෙක් නම් එයා මොකද කරන්නේ? එයා බොරු කියනවා. නමුත් ශ්‍රද්ධාවන්තයා බොරුවෙන් වැළකිලා සීලය ආරක්‍ෂා කරගන්නවා. ඊළඟට, එයා මත්පැන් මත්ද්‍රව්‍ය භාවිතා කරන්නේ නෑ. මේක තමයි ධාර්මිකව මෙලොව පරලොව දියුණු වන දෙවන කාරණය.

ගිහි ශ්‍රාවකයා දීමෙහි ඇලී වාසය කරනවා

තුන් වෙනි කාරණය තමයි චාග සම්පදා, ඒ කියන්නේ දීම, පරිත්‍යාග කිරීම. එතකොට යම්කිසි දෙයක් පරිත්‍යාග කිරීම තමන්ගේ සම්පත්තියක් බව බුදුරජාණන් වහන්සේ විසින් පෙන්වා දෙනවා.

(ඉධ ගහපති අරියසාවකෝ) ගෘහපතිය, ආර්ය ශ්‍රාවකයා **(විගතමල මච්ඡේරේන චේතසා අගාරං අජ්ඣාවාසති)** මසුරුමල දුරුකරන සිතින් ගිහිගෙයි වසයි. එතකොට ගිහිගේ වසන්නේ කොහොමද? මසුරුමල දුරු කරලා. ලෝභකමින් මසුරුකමින් යුතුව නෙමෙයි එයා ගෙදර වාසය කරන්නේ. එයාට පුළුවන් හැටියට අන් අයටත් දෙනවා. පරිත්‍යාග කරනවා. තමන්ට ලැබෙන දෙයින් කොටසක් පරිත්‍යාග කරනවා. **(මුත්ත චාගෝ)** ඒ කියන්නේ එයා දන් දෙන්නම කියලා කොටසක් අත්හැරලා තියෙනවා. ඊළඟට **(පායතපාණී)** මෙයා අත්දෙක සෝදන් ඉන්නවා දන් දෙන්න ලැහැස්ති වෙලා. **(වොස්සග්ගරතෝ)**

දන් දීමෙහි ඇලී වාසය කරනවා. (යාචයෝගෝ) එයාගෙන් ඉල්ලන්න සුදුසුයි. එයා ළඟට ඉල්ලන්න එනවා. එතකොට එයා දෙනවා. (දානසංවිභාගරතෝ) දන් බෙදීමෙහි ඇලී වාසය කරනවා.

මේ විදිහට කටයුතු කරන කෙනා ළඟ ත්‍යාග සම්පත්තිය තියෙනවා. දුර්ලභ වාසනාව ලැබෙන තුන්වෙනි කරුණයි මේ විස්තර වුණේ.

වාසනාව ලැබෙන්නේ මේවා පුරුදු කිරීමෙන්

පරිත්‍යාගශීලීව ඒ විදිහට ගිහිගෙදර වාසය කිරීම තමයි චාග සම්පදා කියල කියන්නේ. එතකොට දැන් බලන්න අර කලින් ලැබිච්ච, ලබාගන්න ආශා කරන දුර්ලභ වාසනා හතර ලැබෙන්නේ, වෙන කාරණා හතරක් පුරුදු කිරීමෙන්. පළවෙනි එක ශ්‍රද්ධා සම්පත්තිය පුරුදු කිරීම. දෙවෙනි එක සීල සම්පත්තිය පුරුදු කිරීම. තුන්වෙනි එක චාග සම්පත්තිය පුරුදු කිරීම.

දැන් මේවා පුරුදු කළේ නැත්නම්, ඒවා ලැබෙන්නෙ නෑ. පුරුදු කිරීමෙන් තමයි ඒක ලැබෙන්නේ. දන් දීම පුරුදු කළේ නැත්නම් එයා ආශා කළාට ලැබෙන්නේ නෑ. පුරුදු කළොත් තමයි එයාට ධාර්මිකව ලැබෙන්නේ. පුරුදු නොකළොත් අධාර්මිකව හොයා ගනියි එයා. නමුත් ඒක අධාර්මිකයිනේ. මෙතන කියන්නේ, ධාර්මිකව ලැබෙන්න නම් එයා මේවා පුරුදු කරන්න ඕන.

අභිජ්ඣාවත්, විෂම ලෝභයත් තිබුණොත් පිරිහෙනවා

ඊළඟට කියනවා, ගෘහපතිය, හතර වන කරුණ තමයි ප්‍රඥා සම්පත්තිය. බුදුරජාණන් වහන්සේ මෙතනදී

මුලින්ම පෙන්වා දෙනවා කීර්තියත් සැපයත් විනාශ වෙලා යන කරුණු පහක් ගැන.

'ගෘහපතිය, ගිහිගෙදර වාසය කරද්දී අභිජ්ඣා, විෂම ලෝභ කියන දෙකට යටවෙලා වාසය කළොත් සැපයෙන් කීර්තියෙන් පිරිහෙනවා' කියල. අභිජ්ඣාව කියන්නේ අනුන් සතු දේවල් තමා සතු වේවා! කියන අදහසට. ඒක ඇතිවුණාට පස්සේ ඒ අභිජ්ඣාවත් එක්ක ඇතිවන ලෝභය දූෂ්ටයි. දූෂ්ට වූ ලෝභ සිත තමයි එයාට එන්නේ.

මේ ලංකාවේ කාලයක් තිස්සේ තියෙන දෙයක් නේ වැටවල්වලට රණ්ඩු කිරීම. ඉතින් මේ අනුන්ගේ ඉඩම අල්ලල වැට ගහනවා. ඊට පස්සෙ කෝලාහලයක්. ඒ කියන්නේ අනුන් සතු දේ තමා සතු වේවා කියන හැඟීම නිසයි අර විදිහට වැට ඇවිදින්නේ.

එතකොට බලන්න, අභිජ්ඣාවෙන්, විෂම ලෝභයෙන් යුක්තව එයා ගෙදර වාසය කරනවා. අනුන් සතු දේවල් තමන් සතු කරගන්න තියෙන ආශාව හරි භයානකයි. ඒක දූෂ්ට එකක්. එතකොට මොකද වෙන්නේ. ගිහි ගෙදර වාසය කරද්දී **(අකිච්චං කරෝති)** නොකළ යුතු දේ කරනවා, **(කිච්චං අපරාධේති)** කළ යුතු දේ අත්හරිනවා. එතකොට නොකළ යුතු දේ කරනවා. කරන්න ඕන දේ අත්හරිනවා. කරන්න ඕන නැති දේ කරනවා. ඊට පස්සේ යම්කිසි කීර්තියක් එයා තුළ තියෙනවා නම්, යම්කිසි සැපයක් තියෙනවා නම් ඒ දෙකම එයාට අහිමි වෙනවා.

තරහෙන් වාසය කළොත් පිරිහෙනවා

අනුන් සතු දේවල් තමා සතු වේවා කියන අදහසින් ඉන්න කොට යම්කිසි කීර්තියක් සැපයක් තමන් තුළ තිබුණා නම්, කලින්ම ඒවා නැතිවෙලා යනවා. දැන් එයා

වාසය කරනවා තරහෙන්. තරහෙන් වාසය කරන කොට තමන්ට යහපතක් වෙන දේ කරන්න දන්නේ නෑ. ඒ නිසා නොකළ යුතු දේ කරනවා. ගිහිගෙදරට වෙලා තරහෙන් පුපුර පුපුර ඉන්න කොට නොකළ යුතු දේ කරනවා. කළයුතු දේ අත්හරිනවා. ඉතින් එයාගේ යම් කීර්තියක්, සැපයක් තිබ්බා නම් ඒක පිරිහිලා යනවා.

නින්දට ඇලී සිටියොත් පිරිහෙනවා

තුන්වෙනි කාරණාව තමයි, ගෙදර නිතරම නිදියගෙන සිටීම. ගෙදරට වෙලා නින්දෙන් සිටියොත්, උයන්නේ නෑ, පාන්දර අට නවය වෙනකම් නිදිය ගන්නවා. අතුපතු ගාන්නේ නෑ. ඔන්න මොනව හරි තේ එකක් හදා ගත්තා, ආයෙ වැටුණා ඇඳට. ඒ වගේ අය ඉන්නවානේ. එතකොට **(අකිච්චං කරෝති)** කරන්න ඕන නැති දේ තමයි එයා කරන්නේ. **(කිච්චං අපරාධේති)** කරන්න ඕන දේ එයා අත්හරිනවා. එතකොට එයා තුළ යම් යසසක් කීර්තියක් තිබ්බා නම්, ඒක එයාට අහිමි වෙලා යනවා.

උද්වේගතර හැඟීම් වලින් හිටියොත් පිරිහෙනවා

ඊළඟට ගිහිගෙදර වාසය කරනවා නොසන්සිඳුණු සිතින්. කලබලයෙන් වාසය කරනවා. උද්වේගකර හැඟීම් වලින් ඇවිස්සිලා වාසය කරනවා. ඒ කියන්නේ සැනසිල්ලක් නෑ. පීඩාවෙන් ඉන්නේ. ඔලුවේ නිකන් කරදර ගොඩක් තියාගෙන වාසය කරනවා. එතකොට එයාට එකක්වත් හරියට කරගන්න බෑ. ගෙවල් දොරවල් ලස්සනට තියාගන්න හිතෙන්නෙ නෑ. අතුපතු ගාන්න හිතෙන්නෙ නෑ. රෙදි හෝදන්න හිතෙන්නෙ නෑ. වළං පිඟන් පිරිසුදු කරගන්න හිතෙන්නෙ නෑ. ඇයි? හිත අවුල්

වෙලා. හිත අවුල් කරගෙන ගෙදර වාසය කරද්දී, කරන්න ඕන දේ කෙරෙන්නෙ නෑ. කරන්න ඕන නැති දේ තමයි කෙරෙන්නේ. එතකොට එයාගේ යසස, සැපය නැතිවෙලා යනවා.

සැකෙන් හිටියොත් පිරිහෙනවා

ඊළඟට එයා ගෙදර වාසය කරනවා සැකයෙන්. ශ්‍රද්ධාවක් නැත්නම් තමයි මේ දේ වෙන්නේ. 'මේක හරි ගියේ නෑ, ඒක කළා. ඒක හරි ගියේ නෑ...' කියලා සැකෙන් වාසය කරනවා. සැකෙන් වාසය කරද්දී ඕන දේ නෙමෙයි එයාට කෙරෙන්නේ, නොකරන්න ඕන දේ තමයි කෙරෙන්නේ. මෙයාගේ ජීවිතයේ කීර්තියත් යසසත් පිරිහෙනවා. බුදුරජාණන් වහන්සේ පංච නීවරණ තමයි මේ විදිහට විස්තර කළේ.

ඒවා හඳුනාගෙන බැහැර කිරීම ප්‍රඥාවයි

ඊට පස්සෙ බුදුරජාණන් වහන්සේ දේශනා කරනවා, 'ගෘහපතිය, ආර්ය ශ්‍රාවකයා ඉස්සරවෙලාම තේරුම් ගන්න ඕන තමන්ගේ හිතේ යහපත ගැන'

තමන්ගේ යහපත වනසන පළවෙනි කාරණය තමයි අනුන්ගේ දේවල්වලට ආශා කිරීම. ඒක හිතේ තියෙන උපක්ලේශයක් හැටියට හඳුනාගෙන, තමන්ගේ දියුණුව වනසන කාරණාවක් හැටියට හඳුනාගෙන, ඒ උපක්ලේශය හිතට එනකොට එයා ඒක හිතින් බැහැර කරන්න ඕන.

ඊළගට ද්වේෂය එද්දී සමහර අය කරන දේවල් හරි පුදුමයි. හරි දරුණු දේවල් කරනවා, හිතේ තරහ තියාගෙන ඉඳල. එතකොට ද්වේෂය තමන්ගේ දියුණුවට බාධාවක් කියලා හඳුනාගත්තට පස්සේ, ඒ ද්වේෂය හිතට අකුසලයක්

කියල අවබෝධ කරගෙන, ඒ ද්වේෂය එයා දුරුකරනවා. ද්වේෂය තියාගන්නෙ නෑ.

ඊළඟට නිදිමත. මේ වැඩක් පලක් කර ගන්න බැරිව නිදියන් ඉන්න එක ආවොත් හඳුනාගන්න, මේක තමන්ගේ දියුණුවට බාධාවක්, තමන්ට හිතසුව පිණිස පවතින්නෙ නෑ කියල හඳුනාගෙන, එයා ඒක වීරියෙන් යුක්තව දුරුකරන්න ඕන. මොකෙන්ද දුරුකරන්න කියන්නේ? වීරියෙන් යුක්තව දුරුකරන්න කියනවා.

ඊළඟට සිතේ ඇති වෙනකොට කලබල ගතිය, සිතේ සැනසිල්ලක් නැති ඇවිස්සුණු ස්වභාවයක් තියෙනවා නම් ඒක හඳුනාගන්න කියනවා. 'මේක මගේ යහපත පිණිස පවතින එකක් නෙවෙයි, මේක මම දුරුකරන්න ඕන, මේකෙන් මම විනාශ වෙනවා' කියලා ඒක බැහැර කරනවා.

ඊළඟට එයාට සැකය එනකොට එයා තේරුම් ගන්න ඕන කියනවා 'මේක මට හිතසුව පිණිස පවතින එකක් නෙවෙයි' කියලා. එහෙම හිතලා සැකය බැහැර කරනවා.

පුළුල් ප්‍රඥාවක් ඇතිවෙනවා

හිතට උපක්ලේශයක් කියලා දැනගෙන බැහැර කළ නිසා, ඒ පීඩාව නැති වුණාට පස්සේ එයා ඒකෙන් බේරිලා නම්, **(අයං වුච්චති ගහපති අරියසාවකෝ)** ගෘහපතිය, ගිහි ගෙදර ගත කරන මේ ආර්ය ශ්‍රාවකයාට කියනවා. **(මහා පඤ්ඤෝ)** මහා ප්‍රඥාවන්තයෙක් කියල, **(පුථුපඤ්ඤෝ)** පුළුල් ප්‍රඥාව ඇති කෙනෙක්. **(ආපාථදසෝ)** යන්න ඕන හරි පාර, වැරදි පාර තේරුම් ගත්තු කෙනෙක් කියනවා. **(පඤ්ඤාසම්පන්නෝ)** එයා ප්‍රඥාව තියෙන කෙනෙක්. ඒ නිසා ගෘහපතිය, උපක්ලේශ බැහැර කළ කෙනාටයි ප්‍රඥා සම්පදාව තියෙන්නේ.

ශ්‍රද්ධා, සීල, චාග, ප්‍රඥා තියෙන කෙනා දියුණු වෙනවා

බුදුරජාණන් වහන්සේ වදාළා, මෙන්න මේ කරුණු ටික තියෙනවා නම්, ඊට පස්සෙ වීරිය ඇතිකර ගන්නවා කියල. කොහොමද, **(සා බෝ සෝ ගහපති අරියසාවකෝ)** ගෘහපතිය, ආර්ය ශ්‍රාවකයා **(උට්ඨාන විරියාධිගතේහි භෝගේහි බාහාබලපරිචිතේහි සේදාවක්ඛිත්තේහි ධම්මිකේහි ධම්මලද්ධේහි චත්තාරි කම්මානි කත්තා හෝති. කතමානි චත්තාරි?)** එතකොට මෙයා උත්සාහයෙන් හම්බ කරනවා. ශ්‍රද්ධා සම්පදා, සීල සම්පදා, චාග සම්පදා, ප්‍රඥා සම්පදා කියන කරුණු හතර එයා තුළ තියෙනවා. මේ හතර තියෙන කෙනා උත්සාහයෙන් සල්ලි හම්බකරනවා. හොඳට මහන්සියෙන් හම්බකරනවා.

හම්බ කරලා **(අත්තානං සුඛේති පීනේති සම්මාසුඛං පරිහරති)** තමන් හොඳට සල්ලි වියදම් කරලා හොඳට ඇඳුම් පැළඳුම් අරගෙන කාලා බීලා සුවසේ වාසය කරනවා. කළ හැකි හොඳම දේ ඉහළින්ම ඉටු කරනවා.

ඊළඟට, **(මාතා පිතරෝ සුඛේති පීනේති සම්මා සුඛං පරිහරති)** තමන්ගේ මවට පියාට හොඳට සලකනවා. හොඳට වියදම් කරනවා. ඒ දෙන්නගේ යහපත වෙනුවෙන් හොඳින්ම සලකනවා. උපස්ථාන කරනවා. කළ හැකි හොඳම දේ ඉහළින්ම ඉටු කරනවා.

ඊළඟට **(පුත්තදාර දාසකම්මකරපොරිසෝ)** අඹුදරුවන්ට කම්කරුවන්ට, දැසිදස්සන්ට හොඳට සලකනවා. තමාගේ බිරිඳට දරුවන්ට සලකනවා, ගෙදර වැඩ කරන අයට සලකනවා. හැමෝටම හොඳට වියදම් කරල ඉහළින්ම සලකනවා. ඇයි, මෙයාට හොඳට

ධාර්මිකව හම්බ කරලා උපයපු සල්ලි තියෙන නිසා එහෙම පුළුවන්. මෙයාගේ හිත පිරිහෙන්නෙ නැහැ.

පිරිහෙන්නෙ නැති කාරණා හතරම තියෙනවා

පිරිහෙන්නෙ නැත්තෙ මෙයා ළඟ පිරිහෙන්න කාරණා නැති නිසා. දැන් එයාට ශ්‍රද්ධාව තියෙනවා. ශ්‍රද්ධාවෙන් එයා හැමතිස්සේම බුද්ධ දේශණා ආශ්‍රය කරගෙන ජීවිතය ගැන ඉගෙන ගන්නවා. දෙවෙනි එක සීලය තියෙනවා. දැන් එයා සීලවන්තව ඉන්නවා. බාහිර කෙනෙකුගෙන් චෝදනාවක් නැහැ. තමන්ගේ හිතිනුත් චෝදනාවක් නැහැ. තුන්වෙනි එක තමයි චාග තියෙනවා. දැන් එයාට මසුරුකමක් නැහැ. අනික් අයගේ යහපත වෙනුවෙන් වියදම් කරන්න අවස්ථාවක් ලැබෙනකම් බලාගෙන ඉන්නේ. දන් දෙන්න අත් දෙක සෝදාගෙන ඉන්නේ. හතර වෙනි එක එයා ගෙදර වාසය කරන්නේ ප්‍රඥාවෙන් යුක්තවයි. එයා අන්සතු දේවල් කඩා වඩා ගන්න හිතන්නෙ නෑ. ද්වේෂ සහගතව වැඩ කරන්නෙ නෑ. නිදිමතට යටවෙලා යන්න කල්පනා කරන්නෙ නෑ. කලබලයක් නැතිව, තැන්පත් විදිහට සංසිඳිලා වාසය කරනවා. කිසිම සැකයක් නැතිව වාසය කරනවා. සල්ලි හොඳට හම්බකරන්න ආසයි නම්, මේ විදිහටයි කටයුතු කළ යුත්තේ. ශ්‍රද්ධාවෙන් යුතුව, සිල්වත්ව, දන් පැන් දෙමින්, ප්‍රඥාවෙන් කටයුතු කළොත්, එයාට උතුරන්න සල්ලි ලැබෙනවා, සැප ලැබෙනවා, මෙලොව පරලොව දෙකම ධාර්මිකව දියුණු වෙනවා.

දැහැමින් ඉපයූ ධනය වියදම් කරන හැටි

ඒ විදිහට මෙයා උත්සාහයෙන් වීරියෙන් හම්බ කරනවා. හම්බ කරපු ධනයෙන් තමා සැපසේ වාසය

කරනවා. දෙමාපියන්ට හොඳට වියදම් කරලා සුවපත් කරනවා. අඹුදරුවන්ට කම්කරු දාසි දස්සන්ට හොඳට වියදම් කරලා සුවපත් කරනවා. ඊලඟට යහළු මිත්‍රයන්ට නෑදෑ හිතමිතුරන්ට එයා සලකනවා. **(ඉදමස්ස පඨමං ඨානගතං හෝති පත්තගතං ආයතනසෝ පරිභුත්තං)** මේ තමයි එයාට පරිහරණය කරන්න වුවමනා කරන, යහපත් විදිහට ධාර්මිකව හරි හම්බ කරලා ලැබිච්ච දේ පරිහරණය කිරීම.

ඒ විදිහට වාසය කරද්දී, ධාර්මිකව හරි හම්බ කළ ධනය යම් විදිහකින් හදිසි ආපදාවක් ඇතිවෙලා ගින්නෙන් වේවා, ජලයෙන් වේවා, රජ්ජුරුවන්ගෙන් වේවා, ආණ්ඩුවෙන් වේවා, සොර සතුරන්ගෙන් වේවා, අප්‍රිය අයගෙන් වේවා, යම්කිසි හානියක් වුණොත්, ඒ හානිය හේතුවෙන් එයාගේ දේපල නම් විනාශ වෙන්නේ නෑ, කියල බුදුරජාණන් වහන්සේ දේශණා කරනවා. මේක තමයි කියනවා දෙවෙනි කාරණය.

තුන්වෙනි කාරණය තමයි එයා ධාර්මිකව හරි හම්බ කළාට පස්සේ, ඒ ධාර්මිකව හරි හම්බ කළ දේවල් වලින් එයා, 'පංච බලි' බලි පහක් දෙනවා. බලි පහ තමයි;

1. **(ඤාති බලි)** ඤාති බලි කියන්නේ එයා නෑදෑයන්ට සළකනවා.
2. **(අතිථී බලි)** ඒ කියන්නේ ආගන්තුකයින්ට සත්කාර කරනවා.
3 **(පුබ්බපේත බලි)** මිය පරලොව ගිය අයට සත්කාර කරනවා. ඒ කියන්නේ දන්දීලා පින් දෙනවා.
4. **(රාජ බලි)** බදු ගෙවනවා. බදු පැහැර හරින්නෙ නෑ.

5. **(දේවතා බලි)** ඒ කියන්නේ දෙවියන්ට පින් දෙනවා. දන් පැන් දීලා දෙවියන්ට පුද පූජා පවත්වනවා.

මෙන්න මේ කරුණු පහෙන් එයා වාසය කරනවා. තමන් අතට ධාර්මිකව ලැබෙන මුදල් වලින් යහපත් දෙයක්ම, ප්‍රයෝජනවත් දෙයක්ම, අන් අයට සැපයක් සැලසෙන දෙයක්ම කරනවා.

ඊළඟට බුදුරජාණන් වහන්සේ පෙන්වා දෙනවා, "ගෘහපතිය, මේ ආර්ය ශ්‍රාවකයා වෙහෙස මහන්සි වෙලා හරි හම්බ කරගත්ත ධනයෙන්, ධර්මය අවබෝධ කරන්න උත්සාහ කරන ශ්‍රමණ බ්‍රාහ්මණවරුන්ට දන් පැන් පුදනවා." මේ සූත්‍රයේ තියෙනවා හරි ලස්සනට ඒ ගැන. **(තථාරූපේසු සමණ බ්‍රාහ්මණේසු උද්ධග්ගිකං දක්ඛිණං පතිට්ඨාපේති)** දන් පැන් පුදනවා. **(සෝවග්ගිකං සුඛං විපාකං සග්ග සංවත්තතිකං)** ස්වර්ගයේ උපත ලබන, සැප විපාක ලබාදෙන, දෙව්ලොව උපත කරා ගෙන යන ශ්‍රමණ බ්‍රාහ්මණවරුන්ට දන් දීම. මේ විදිහට දන් දීම ලස්සනට අර්ථවත්ව එයා කරනවා.

නාස්ති නොකර ලස්සනට මුදල් වියදම් කරනවා

දැන් ධාර්මිකව හරි හම්බ කරලා එයා කරන දේවල් මොනවාද?

1. තමා පරිහරණය කරනවා ඒ ධනය. දෙමව්පියන්ටත් සලකනවා. ගෙදර අයටත් සලකනවා. නෑදෑයින්ටත් සලකනවා. සේවකයන්ට, යාළුවන්ට, හැමෝටම සළකනවා.

2. හදිසි ආපදාවක් වුණොත්, තමන් විනාශ වෙන්නේ

නෑ. ආයෙ නැගී සිටින්න පුළුවන්.

3. ඥාති බලි, ආගන්තුක බලි, පුබ්බපේත බලි, රාජ බලි, දේවතා බලි කියන මේ පංච බලි වලින් යුක්තව වාසය කරනවා.

4. ශ්‍රමණ බ්‍රාහ්මණයන්ට දන් දෙනවා.

හම්බකරපු සල්ලි හරි විදිහට පාවිච්චි වුණා

බුදුරජාණන් වහන්සේ දේශනා කරනවා, "ගෘහපතිය, මේ ආර්ය ශ්‍රාවකයා ධාර්මිකව ලැබිච්ච ධනය අරගෙනයි මේ කරුණු හතර ඇතිකරගත්තේ" ඒ කියන්නේ තමන් ආහාරපාන පාවිච්චි කරනවා. අනිත් අයටත් දෙනවා. හම්බකරන දෙයින් තමන් සැප සේ වාසය කරනවා. ඥාතීන්ට සලකනවා. ඊළඟට තමන්ට හානි වෙන්නේ නෑ. පංච බලි දෙනවා. ශ්‍රමණ බ්‍රාහ්මණවරුන්ට දන් පැන් පුදනවා. එහෙම කළාට පස්සෙ, තමන්ට ලැබිච්ච දේ හරි විදිහට පාවිච්චි වුණා කියලා බුදුරජාණන් වහන්සේ දේශනා කරනවා.

වියදම වැරදුණොත් ලැබුණු දේ විනාශ වෙනවා

මේ විදිහට පාවිච්චි නොවී, හම්බකරපු දේවල් වෙන විදිහකට පාවිච්චි වුණොත්, තමන් අතට පත්වෙච්ච දේ වැරදි මගක ගියා කියනවා. ඒ කියන්නේ ඔන්න ධනය හම්බවෙනවා. ධනය හම්බවෙනකම් ගෙදර සමගියෙන් ඉන්නවා. ධනවත් වෙන්න, වෙන්න මොකද වෙන්නේ? ඔන්න තමන්ට බ්‍රිඳ අම්භකා වෙනවා. රෑ දවල් නිදි මරාගෙන ස්වාමියාට අත දුන්, උදව් කළ කෙනාව, ධනය හම්බ කරලා ධනය වැඩි වෙනකොට මතක නැතිව යනවා.

එහෙම ප්‍රශ්න වෙන්නේ නැද්ද? ඊළඟට, ඒ ධනය වෙනත් කාන්තාවන් වෙනුවෙන් පාවිච්චි වෙනවා. මත්පැන් වෙනුවෙන් පාවිච්චි වෙනවා. අල්ලස් දෙන්න පාවිච්චි වෙනවා. ධනය පාවිච්චි කරන ක්‍රමය සම්පූර්ණයෙන්ම වරදිනවා.

බුදුරජාණන් වහන්සේ දේශනා කරනවා, ඒ විදිහට වියදම් කළොත් (**අට්ඨානගතා අප්පත්තගථා අනායතනසෝ පරිභුත්තා**) එයා ක්‍රමය වැරැද්දුවා කියනවා. ක්‍රමය නාස්ති කළා කියනවා. එයාට ලැබිච්ච දේ විනාශ කරගත්තා කියනවා. එහෙම වෙනවානේ. සල්ලි හම්බකර ගන්නකම් හොඳයි. හම්බකර ගත්තට පස්සේ සමහර අය හිතුමනාපයට වියදම් කරනවා, පාටි දානවා, තමුන්ට අමුතු යාළුවෝ ටිකක් හරිගස්ස ගන්නවා, තමන්ගේ ජීවිතයත් පවුල් ජීවිතයත් විනාශ කර ගන්නවා. කලින් කියපු හතර ආකාරයට එයා වියදම් කළොත් හම්බු කළ දේවල් විනාශ වෙන්නේ නැහැ කියල බුදුරජාණන් වහන්සේ දේශනා කරනවා. ඒකට කියන්නේ තමන්ට ලැබිච්ච දේ හරියට වියදම් කළා කියලයි.

හම්බකරන්නයි - වියදම් කරන්නයි පින තියෙන්න ඕන

දැන් එතකොට බලන්න පින්වත්නි, හම්බකරන්නත් පිනක් තියෙන්න ඕනෙ. හම්බකළත්, ඒ මුදල් හරියට වියදම් කරන්නත් පිනක් තියෙන්න ඕනේ. හරි විදිහට වියදම් කරන්න දන්නෙ නැත්නම් හම්බකරගත්තු දෙයින් එයාට කිසිදවසක සතුටක් ලබන්න බැහැ.

වියදම් කරන පින නැතිකර ගන්න එපා

දැන් සමහර දෙමව්පියන්, සමහර දරුවන්, අම්මලා අපිට ඇවිල්ලා අඬා අඬා කියනවා, 'අනේ අපි ඔක්කොම එකට හිටියේ, යාන වාහන ගත්තා. දැන් එයා ගෙදර එන්නෙ නෑ. මහත්තයා වෙන තැනක බිස්නස් කරනවා. වෙන පටලැවිල්ලක් හදාගෙන තියෙනවා' කියල. මේ වෙන්නෙ මොකද්ද? අර ධනය හම්බවුණාට පස්සෙ ඒ ධනයෙන් මත්වෙනවා. මත්වීමෙන් තමයි මේක වෙන්නේ. ධනයෙන් මත්වුණේ නැත්නම් ඒක වෙන්නෙ නෑ. එයා සමගියෙන් ඉන්නවා. ධනයෙන් මත්වුණොත් මොකුත් ම කරන්න බැහැ.

මේ පත්තකම්ම සූත්‍රය හරි වටිනවා. මේකෙදි බුදුරජාණන් වහන්සේ දේශනා කරනවා.

1. ශ්‍රද්ධා සම්පදා
2. සීල සම්පදා
3. චාග සම්පදා
4. ප්‍රඥා සම්පදා

මේ සම්පත්ති හතර කෙනෙක් ඇති කරගෙන, ඊට පස්සේ එයා හොඳට උත්සාහවත් වෙනවා නම් එයාට හොඳට ධනය හම්බ වෙනවා. ධනය හම්බවුණාට පස්සේ එයා තමන්ට ලබාගත්ත දේ මේ හතර ආකාරයට වියදම් කරනවා.

- තමාත්, තමාගේ ගෙදර කට්ටියටත් වියදම් කරන්න
- හදිසි ආපදාවකදී ගන්න කොටසක් තියාගන්න
- පංච බලි වශයෙන් තව කොටසක් දෙන්න
- ශ්‍රමණ බ්‍රාහ්මණයන් වහන්සේලාට දන්පැන් පූජා කරන්න

මේ ක්‍රම හතරට අනුව වියදම් කළොත් විතරයි

නිවැරදිව මුදල් පරිහරණය වෙන්නේ කියල දේශණා කරනවා.

අද කාලේ වැඩිපුරම හම්බ කිරීමත්, වියදම් කිරීමත් දෙකම අධාර්මිකයි

දැන් ඔබට පේනවා ඇති, මේ ලෝකේ ඔය පෙන්වාදුන් කාරණා හතරට අනුව වියදම් වෙනවා හරි අඩුයි. ඒ කරුණු හතරට අනුව නියමාකාර විදිහට වියදම් කරනවා කියලා අපට කියන්න බෑ. මොකද, හම්බ කරන රටාවත් අධාර්මිකයි. වියදම් කරන රටාවත් අධාර්මිකයි. මේ රට හැදිලා තියෙන්නේ ධාර්මිකව මුදල් හම්බකරන්නත් නෙවෙයි. ධාර්මිකව මුදල් වියදම් කරන්නත් නෙවෙයි. එතකොට හම්බ කිරිමේදී ඒ කෙනා බලන්නෙ නෑ ධාර්මිකද, නැද්ද කියලා. වියදම් කිරිමේදීත් ධාර්මිකද, නැද්ද කියලා බලන්නෙ නෑ. එහෙම වුණොත් තමන්ගේ පිනත් වැනසිලා හම්බුකරපු දේත් වැනසිලා යනවා.

ඉතින් මේ විදිහට නොවෙන්න නම් එයාට තියෙන්න ඕන බුදුරජාණන් වහන්සේ කෙරෙහි ශ්‍රද්ධාව. ඒ ශ්‍රද්ධාව නිසා එයාට තියෙනවා පරලොව ගැන විශ්වාසයක්. ඒ නිසා පින්වත්නි, හරි වැදගත් මේ බුදුරජාණන් වහන්සේ දේශනා කරපු දේ.

මේ ජීවිතයේ ප්‍රශංසා ලබමින් ස්වර්ගයේ ඉපදෙනවා

මේ සූත්‍රයේ තියෙනවා, ඒ කෙනා මේ විදිහට හරියට වාසය කළොත්, **(ඒවං අනුස්සරං මච්චෝ අරියධම්මේ ඨිතෝ නරෝ)** මේ විදිහට සිහිකරමින් ආර්ය ධර්මයේ පිහිටි මනුස්සයා **(ඉදං චේව නං පසංසන්තී)** මේ ජීවිතයේදීම

ප්‍රසංසා ලබනවා. **(පෙච්ච සග්ගේ ච මෝදතීති)** ස්වර්ගයේ ඉපදුණාට පස්සෙ සංතෝස වෙනවා.

බුද්ධ දේශනාවේ කියනවා වාගේ ස්වර්ගයේ, දිව්‍ය ලෝකයේ ඉපදුණාට පස්සේ, තමන් ඒ දිව්‍ය ලෝකයේ උපන්න කාරණාව මතක් වෙනවා. මොකද, හොයලා බලනවානේ කොහොමද මේ ඉපදුණේ කියලා. හොයද්දී එයාට මතක් වෙනවා මනුස්ස ලෝකයේ මේ විදිහට පින් කරලයි මේ දේ ලැබුණේ කියලා. එතකොට එයාට ලොකු සංතෝසයක් ඇතිවෙනවා, 'මට මනුස්ස ජීවිතය වැරදුණේ නෑ. මම මනුස්ස ජීවිතය හරි විදිහට පාවිච්චි කරලා තියෙනවා. මට මනුස්ස ජීවිතයේදී මේ මේ පින් කරගන්න ලැබුණා' කියලා එයා හිත හිතා සංතෝස වෙනවා.

මනුස්ස ජීවිතයේ වැරදුණා, දැන් දුගතියේ තැවෙමින්

ඊළඟට බුද්ධ දේශනාවේ කියනවා, පව් කරපු එක්කෙනා **(ඉධ තප්පති පෙච්ච තප්පති)** මේ ලෝකෙත් පසුතැවී තැවී ඉන්නවා. පරලොව දීත් පසුතැවී තැවී ඉන්නවා. **(පාපකාරී උභයත්ථ තප්පති)** පව්කරපු එක්කෙනා දෙලොවදීම පසුතැවී තැවී ඉන්නවා. **(පාපං මේ කතන්ති තප්පති)** අනේ! මා විසින් පව් කරගත්තා කියලා, **(භීයෝ තප්පති දුග්ගතිං ගතෝ)** දුගතියේ ගියාට පස්සේ බොහෝ සේ තැවෙනවා.

තිරිසන් ලෝකයේදී මතක් වෙයිද කියල කියන්න අමාරුයි. ප්‍රේත ලෝකයේ, නිරයේ දෙකේදී නම් ඒ කෙනාට නිතර නිතර මතක් වෙනවා තමන්ට වෙච්ච වැරැද්ද. මොකද, ඒකෙන් තමයි එයා ප්‍රේතලෝකයේ උපදින්නේ. නිරයේ උපදින්නේ ඒකෙන්. නිරයේ නම් යමරජ්ජුරුවෝ

මතක් කරලම දෙනවානේ. දැන් එහේ ගිය එක්කෙනාට යම රජ්ජුරුවෝ මතක් කරලා දෙනවා, මේ මේ දේවල් ඔබේ අතින් වුණා නේද? මෙහේදී නම්, කරපු දේ නෑ කියන්න පුළුවන්නේ. හොර සාක්කි දාන්නත් පුළුවන්. වෙනත් ක්‍රමයකට පටලවන්නත් පුළුවන්. මෙහිදී මොනවා හරි කරලා බේරෙන්න පුළුවන්. නමුත් නිරයට ගියාට පස්සෙ එහෙම බෑ. ඇයි, නිරයට යන්නේ කර්ම විපාකයටනේ. ඊට යම රජ්ජුරුවෝ මතක් කරලා දෙනවා, 'ඔබ අසවල් දවසේ අසවල් දේ කළා.' එතකොට එයාට හංගන්න බෑ. මතක් කරද්දී කියනවා, 'මේක ඔබේ මව් කළා නොවේ. ඔබේ පියා කළාත් නොවේ. ඔබේ සහෝදරයා කළාත් නොවේ. ඔබේ දරුවෝ කළාත් නොවේ. ඔබේ යාළු මිත්‍රාදීන් කළාත් නොවේ. මේක ඔබ අතින් සිද්ධ වෙච්ච එකක්. මේකට ඔබට අසවල් විපාකය විඳින්නයි තියෙන්නේ. කරන්න දෙයක් නෑ' කියලා මතක් කරලා දෙනවා.

ඊට පස්සේ එයාට හැම තිස්සෙම මතක් වෙනවා 'මේ දේ කළ නිසා මට මේ දේ වුණා නේද? මට මේකෙන් බේරෙන්න බැරි වුණේ මගේ වරද නිසා නේද' කියලා, පසු තැවි තැවී වාසය කරනවා. ප්‍රේත ලෝකයේත් එහෙමයි. ප්‍රේත වත්ථුවල අතීත විස්තර අහද්දී, 'ඔබ මොකද්ද කළේ? මොකද්ද මේකට හේතුව? ඇයි ඔබ මෙහෙම ඉන්නේ? කියලා, හරි ලස්සනට එයාට වෙච්ච දේ, ඒ කාරණය මතක් කරලා දෙනවා. එයා කියනවා, 'මම මේ වගේ දෙයක් කළේ, ඒ නිසා තමයි මම මේ විඳින්නේ' කියලා.

දෙවිවරුන්ට තමන් කළින් කළ පින් හොඳට මතක් වෙනවා

මුගලන් මහරහතන් වහන්සේ වැඩම කරලා දිව්‍ය ලෝකයේ දෙවිවරුන්ගෙන් අහනවා, 'ඔබ මොකද්ද කළේ?

ඔබ මොකද්ද කරන්න හේතු වෙච්ච පින දෙව්ලොව එන්න?' එතකොට ඒ දෙවිවරුන්ට මතක් වෙනවා, තම තමන් කරගත්තු පින. මතක් කරලා ඒ කරගත්තු පින මුගලන් මහ රහතන් වහන්සේට කියනවා, 'අනේ ස්වාමීනි, මම මේ වගේ පිනක් කළා' කියල.

මේ ජීවත්වෙන රටාව, මේ ජීවිතය හැදිලා යන පිළිවෙල අපි යම්කිසි ප්‍රමාණයකට හරි දැනගන්න ඕන. ඒ රටාව තේරුම් ගන්න ඕන. ඉතින් මේ රටාව තේරුම් ගත්තට පස්සේ අපි හෙමිහිට, හෙමිහිට මේ ජීවිතයේ, ඒ යහපත් රටාව පුරුදු කරගන්න උත්සාහ කරන්න ඕනි. උත්සාහ කරන්නේ නැතිව පින්වත්නි, මේ කිසිදෙයක් සිද්ධ වෙන්නෙ නෑ.

තම තමන් ශ්‍රද්ධාව ඇති කරගත්තොත් හරි!

ශ්‍රද්ධා සම්පත්තිය ඇති කරගන්න කියලා බුදුරජාණන් වහන්සේ දේශනා කළාට පස්සේ, අපි මහන්සි ගන්න ඕන මොකද්ද? අපි මහන්සි ගන්න ඕනෙ අනික් දේවල්වලට විරුද්ධව කියන්න නෙවෙයි. අපි කරන්න ඕන තමන්ගේ ශ්‍රද්ධාව දියුණු කර ගැනීමයි. මොකද හේතුව, දැන් අපි ඒවාට දොස් කිව්වා කියලා, මේ ලෝකය යන රටාව නවතින්නෙ නෑ. නමුත් තමන් හැදුණොත් තමන්ගේ ශ්‍රද්ධාවෙන්, අන්න ඊට පස්සේ සම්පූර්ණයෙන් තමන් ළඟ ශ්‍රද්ධාව තියෙනවා. ඊට පස්සේ ඊළඟ එක්කෙනාටත් ශ්‍රද්ධාව ඇති කරගන්න පුළුවන්කම තියෙනවා, ඒ දිහා බලලා. මේ වගේ ශ්‍රද්ධාව ඇති කරගැනීම තම තමන් විසින් ම කරගන්න ඕන දෙයක්.

ඇත්තටම ශ්‍රද්ධාව තියෙනවාද?

ශ්‍රද්ධාව වෙනුවට, ශ්‍රද්ධාවට එන්න ඉස්සර වෙලා,

අපට හැඟීමක් එනවා. ශ්‍රද්ධාව තියෙනවා කියලා හිතනවා, නමුත් ඒක ශ්‍රද්ධාව නෙවෙයි. ඒක නිකං හැඟීමක් විතරයි. ඒ තුළින් ශ්‍රද්ධාව තියෙනවා කියල මාන්නයක් එනවා. ශ්‍රද්ධාව තියෙනවා නම් ඒක තියෙන්නේ මාන්නෙත් එක්ක නෙවෙයි. ඒක තියෙන්නේ මොකක් එක්කද? ශ්‍රද්ධාව තියෙන්නේ බුදුරජාණන් වහන්සේගේ ගුණ ගැන ඇතිවෙච්ච අවබෝධයක් එක්කයි.

ඒ නිසා ශ්‍රද්ධාවයි මාන්නයයි පටලවා ගත්තොත් අපට හිතන්න බෑ, අපි කොහේ වැටෙයිද කියලා. මේ නිසා නියම ශ්‍රද්ධාව ඇති කරගැනීමේදී, 'මට නම් ශ්‍රද්ධාව තියෙනවා' කියලා, හිතේ තියෙන කලබලයට ඉඩ දෙන්න එපා. මට නම් ශ්‍රද්ධාව තියෙනවා කියලා කියන්න යන්නත් එපා. සමහර විට අපි අපේ ශ්‍රද්ධාව හරියටම තේරුම් අරගෙන නැතිවෙන්න පුළුවන්. ඒ නිසා ශ්‍රද්ධාව තියෙනවද කියන එක ගැනත් අපි හොඳට කල්පනාකාරී වෙන්න ඕන.

වෙනස් වෙනවා නම්, ශ්‍රද්ධාව නෙවෙයි

අපට සූත්‍ර දේශනාවක් කියවන කොට, අහන කොට හිතේ පැහැදීමක් ඇතිවෙනවා. පැහැදීමක් ඇතිවුණාම අපට හිතෙන්න පුළුවන් 'මට දැන් ශ්‍රද්ධාවක් තියෙනවා, දැන් මගේ ශ්‍රද්ධාව වෙනස් වෙන්නේ නෑ' කියලා. එහෙම වුණාම ඒ ශ්‍රද්ධාව හරියටම හඳුනාගෙන තියෙන එකක් නොවෙයි. නමුත් ඒ හැඟීම තියාගෙන අපි උජාරුවට කියවගෙන යන්න පුළුවන්. එතකොට මාරයා කියනවා, 'අන්න එක්කෙනෙක් කියවනවා, ගහපන්' කියලා. ඊළඟට මෙයාගේ ශ්‍රද්ධාවත් නෑ. කියවිල්ලත් නෑ. මෙයා දහඅතේ දුවනවා. මේ වගේ දේවල් වෙනවා. නමුත් මේවා සිද්ධ වෙන විදිහ හොයන්න බෑ.

මේ කාලේ තියෙන්නේ සම්බුදු බලය නෙවෙයි, මාර බලයයි. ලෝකය සම්පූර්ණයෙන් ම තියෙන්නේ එයාගේ අතේ. එතකොට ඒ බලය සම්පූර්ණයෙන් ලෝකය හසුරුවනවා. ඉතින් අපට කියන්න බෑ ලෝකයේ ඉස්සරහට තව කොච්චර කල් තියෙයිද? මොනවා වෙයිද? කියලා. අපට ඒ ගැන හිතා ගන්න බෑ, දැන් ලෝකයේ සිද්ධ වේගෙන යන රටාව බැලුවාම. හැම තැනම අවුල් වී යන ගතියක්නේ තියෙන්නේ! ඉතින් ඒ නිසා මේක හොඳට තේරුම් අරගෙන අපි අර ශ්‍රද්ධාව ආරක්ෂා කරගන්න ඕන. ඒක තමන් විසින් කරගන්න තියෙන්නේ.

ඔබේ ශ්‍රද්ධාව සෙලවෙන්න දෙන්න එපා!

සමහරු මගේ ලඟට ඇවිත්, 'අනේ ! ස්වාමීනි, මං මේ කියලා යන්න ආවේ, මගේ ශ්‍රද්ධාව නම් කාටවත් සොලවන්න බෑ' කියල කියනවා. සමහර විට මම, 'යනවා යන්න ' කියලා බැන්නොත් ඒ ශ්‍රද්ධාව එතනම හෙල්ලිලා වැටෙනවා. ඊට පස්සේ බැන බැන යයි, 'ස්වාමීන් වහන්සේට මම කියන්න ආවා, මාව එළවා ගත්තා. මං නම් ආයෙ ඔය වැඩසටහන්වලට යන්නෙ නෑ. ඔය හාමුදුරුවන්ගේ පොතක්වත් මට එපා' කියල. එතකොට ඒ කියාගෙන ආපු එක එතනම නැතිවෙනවා. මේවා වෙන්න පුළුවන් ඕන තරම්.

ස්වභාවය අල්ලන්න අමාරු හිත ගැන අවධානයෙන්

මේ හිතේ ස්වභාවය හරි පුදුමයි. තමන්ගේ හිතේ ඇතිවෙනවා රැවටිල්ල කියලා එකක්. මේක අල්ලන්න අමාරුයි. දැන් පිට කෙනෙක් අපට නිකන් වෙට්ටුවක් දැම්මොත් අපට මේක තේරෙනවා, 'අසවලා මේ සෙල්ලමට

එනවා' කියලා. නමුත් තමන්ගේම හිත විසින් තමන්ට ගහන එක හොයන්න පුළුවන්ද? ඒක හොයන්න බෑ. ඒ වගේ එකකට අහුවුණොත් ලේසියෙන් බේරෙන්න බෑ. ඉතින් ඒ නිසා මේවා තේරුම් අරගෙන ඉන්න. හරි වැදගත් මේවා තේරුම් අරගෙන සිටීම. එහෙම නොවුණොත්, මේ හිතට මුලාවෙන්න පුළුවන්.

මොකද, අපේ හිත හැම තිස්සේම තමන්ට ලකුණු දෙනවනේ. අපි මේ හිතේ ස්වභාවය ඉස්සරවෙලාම තේරුම් ගන්න ඕන. හිත හැම තිස්සේම තමන්ට ලකුණු දෙනවා. තමන්ට වැරදුණොත් ඒකට ඕන වෙලාවක අපේ හිත සමාව දෙනවා. එහෙම නැද්ද? තමන්ගේ වරදට තමන්ම සමාව දෙනවා, "හා... හා... හරි" කියලා. ඊට පස්සේ තමන්ගේ කැමැත්තට තමයි හිත හැම තිස්සේම කථා කරන්නේ. හොඳටම අවංක වුණොත් විතරයි, තමන් තමන්ට ම චෝදනා කරගන්නෙ. නැත්නම් ඒකත් නෑ. ඉතින් මේ වගේ හිතක් නිසාම, හැම තිස්සේම මේ හිතේ ඇතිවන වංචනික ස්වභාවයන්ට අපි අහුවෙනවා. අපි අහුවෙන්නේ මේ හිතට ලකුණු දෙන්න පෙළඹීමෙන්. ඉතින් මේ නිසා අපි මේක හොඳට අවබෝධ කරගෙන ඉන්නට ඕනෙ.

දැන් මං ධර්මය ප්‍රචාරය කරන්න අරන් අවුරුදු දහයක්නේ! මට තේරෙන දෙයක් තමයි නිරන්තරයෙන්ම ලෝකයේ තියෙන එකම දේ වෙනස් වීම බව. ඉතින් මේ වෙනස්වීම කියන දේ, මේ ලෝකය තුළ තියෙන නිසා අපට තේරෙනවා, මේ දස අවුරුද්ද තුළ මේ ලෝකය කොච්චර වෙනස් වුණාද, ඊළඟට මේ පරිසරය වෙනස් වුණාද, මේ ජීවිත කොච්චර එහෙට මෙහෙට විසිවුණාද කියලා.

ශ්‍රද්ධාව වෙනස් වේවි කියලා හිතුවොත්, ඒක රැකෙනවා

දැන්, අපි මේ හිතේ තමයි ශ්‍රද්ධාව ගොඩනගන්න හදන්නේ. මං ඒක තමයි කිව්වේ, තමන් විසින්ම කරුණු හෙමිහිට, හෙමිහිට හරි ගස්සගන්න කලබලයක් නැතිව. කලබලයක් ඇති කරගන්න එපා තමන්ට ශ්‍රද්ධාව තියෙනවා කියලා. තමන්ගේ ශ්‍රද්ධාව තමන්ගෙන් බැහැර වෙන්න පුළුවන් කියලා හිතන්න. තමන් හිතන්න තමන්ගේ ශ්‍රද්ධාව ගිලිහෙන්න පුළුවන් කියලා. එතකොට ඒක පරිස්සම් කරගන්නවා. තමන්ට ශ්‍රද්ධාව තියෙනවා කියලා හිතුවොත්, එතන ඉඳලා අපි ඒක ගැන සැලකිලිමත් වෙන්නෙ නෑ. ඕනම දෙයක ස්වභාවය ඕකයි.

හොඳට හිතලා බලන්න, අපි හැමෝම යම්කිසි ප්‍රමාණයකට ඉස්කෝලේ ගිය අය නේද? දැන් අපි විභාග යකට ලියන්න සූදානම් වෙද්දී, ඒ වෙනුවෙන් බොහොම මහන්සිවෙලා පාඩම් කරනවා. විභාගේ ඉවරවෙච්ච ගමන් ආයේම ඒ පොත් දිහා ඇස් ඇරලා බලනවාද? පාඩම් කරලා, පාඩම් කරලා ඉවර වෙච්ච ගමන් පොත් ටික තිබ්බා පැත්තක, දවස් ගණනක් ඒ දිහා බලන්නෙවත් නෑ. යම්කිසි දේකට ළං වෙන්න ගියා ද, ඒ දේ ඉවර වුණා, ඊට පස්සෙ අපි ඒ දේ අතහැරියා. ඉතින් මේ ලක්ෂණය තියෙනවා මේ හැම එකකම.

දැන් ඔබ බලන්න හිතලා, අවුරුදු ගාණක් පෙම් කරනවා, දැන් ඔන්න බැන්දා, බැඳපු ගමන් ඉවරයි ඒ ප්‍රේමය. එහෙම වෙන්නෙ නැද්ද? එහෙම වෙලා තියෙනවා. යම්කිසි දෙයක් ලබාගන්නකම් තියෙන අවශ්‍යතාවය ඒක ලැබුණට පස්සෙ නෑ. ශ්‍රද්ධාවත් ඒ වගේ.

ශ්‍රද්ධාව ගැන මහත් කල්පනාවෙන් ඉන්න

දැන් අපි ඔන්න කරුණු හදාරනකොට, කියවනකොට, ශ්‍රද්ධාව තියෙනවා කියලා හිතාගෙන, අපි ලෑස්ති කරගෙන සකස් කරගෙන යනවා. එහෙම ගිහිල්ලා අපි ශ්‍රද්ධාවට ආවා කියලා හිතිච්ච ගමන් ශ්‍රද්ධාවට පැමිණීම පිණිස අපි යම්කිසි දෙයක් කළා ද, ඒ දේ අත්හරිනවා. අත්හැරියාට පස්සේ දන්නේ ම නැතුව ශ්‍රද්ධාවත් නැතිවෙනවා, ඒක හිතේ ඇතිවෙච්ච ඇත්ත එකක් නෙමෙයි නම්. එතනින් ඕනතරම් කාන්දු වෙන්න පුළුවන් ශ්‍රද්ධාවට හානිකර දේවල්. ස්ථිර වශයෙන් ශ්‍රද්ධාවේ නොපිහිටීම නිසා, ඒක හොයන්නත් බෑ තමන්ට. මේ නිසා ශ්‍රද්ධාව ඇති කර ගැනීම ගැන හොඳ කල්පනාවෙන් ඉන්න ඕන.

සීලයත් හොඳ කල්පනාවකින් ඉන්න ඕන කාරණයක්. මේවා සංස්කාර නේද? ඒ කියන්නේ මේවා හේතුන් නිසා සකස් වෙච්ච දේවල්, ස්ථිර දේවල් නෙවෙයි. හේතුන් නිසා සකස් වෙන දේ හැමතිසේසේම තියෙන්නේ හේතුන් සකස් කර කර තියෙනකම් විතරයි.

මර්ග ඵලයකට ආවට පස්සේ ගැටළුවක් නැහැ

මාර්ග ඵලයක් ලැබුවොත් නම් කිසි ගැටලුවක් නෑ. බුද්ධ දේශනාවේ තියෙනවා, මාර්ගඵල ලැබුවොත් විශාල පරිවර්තනයක් වෙන බව. බුද්ධ දේශනාවල තියෙනවා, චිත්ත විමුක්තියක් ඇතිවුණාට පස්සේ ඒක 'අකෝප්‍යයි' කියල. ඒ කියන්නේ ඒක වෙනස් වෙන්නෙ නෑ. සෝතාපන්න කෙනෙකුට සක්කාය දිට්ඨිය, විචිකිච්ඡා, සිලබ්බත පරාමාස නැති වුණා නම්, ඊට පස්සේ ආයෙ ඒක හැදෙනවා කියලා දෙයක් වෙන්නෙ නෑ. සකදාගාමී

කෙනෙක් ගැනත් එහෙමයි. අනාගාමී කෙනෙක් ගැනත් එහෙමයි. රහතන් වහන්සේ ගැනත් එහෙමයි. ඒවාට කියන්නේ චිත්ත විමුක්ති කියල. ඒ කියන්නේ සිත යමකින් නිදහස් වුණා කියන එකයි.

යමකින් නිදහස් නොවී, නිදහස් වුණා කියලා හැඟීමෙන් අපි හිටියොත් ඒ ප්‍රශ්නය එහෙමම තියෙනවානේ. ඉතින් ඒ නිසා අර ශ්‍රද්ධාව ඇති කර ගැනීම හරියට අපි කරගන්න ඕන. ඒ සඳහා අනුබල දෙන්න ලොකු පිරිසක් නෑ. බුදුරජාණන් වහන්සේ ගැන හිත පහදවා ගන්න ලොකු පිරිසක් නෑ. බුදුරජාණන් වහන්සේ ගැන හිත පහදවා ගත්ත කියල කියන්න සුළු පිරිසයි ඉන්නේ. එක එක දේවල්වලට පොළඹවන්න නම් ඕන තරම් කට්ටිය ඉන්නවා. ඕන තරම් දේවල් කියන්නත් පිරිස ඉන්නවා. බුදුරජාණන් වහන්සේ ගැන කතා කරන්න බොහෝම සුළු පිරිසයි ඉන්නේ. ඒක හොඳට මතක තියාගන්න ඕන. ඒ නිසා මේක තේරුම් අරගෙනම කරන්න ඕන එකක්.

සීලය හරි කියලා හිතුවොත් කැඩෙන තැන දන්නේ නෑ

සීලයත් හරි කියලා හිතාගෙන හිටියොත් ඒකත් බිඳෙන්න පුළුවන්. දැන් ඔන්න මං පන්සිල් රකිනවා කියල කියවමින් ඉඳලා, ඊට පස්සෙ ඒ ගැන එයාගෙ අවධානය අඩුවෙනවා ඒකට. එයා දන්නෙ නෑ, ඊට පස්සේ තමන්ගේ සිල් කැඩෙන තැන. තමන් බොරු කියන වෙලාව තමන්වත් දන්නෙ නෑ. තමන් හොරකම් කරන වෙලාව තමන්වත් දන්නෙ නෑ. තමන් නොමඟ යන වෙලාව තමන්වත් දන්නෙ නෑ. ඒ මොකද හේතුව? තමන් ආරක්ෂා කරන සීලය කැඩෙන්නේ නෑ කියල තමන් සිතීම.

අපි හිතන්න ඕන එහෙම නෙවෙයි. මේවා තියෙන්නේ සිහියෙනුත්, නුවණිනුත් ඉන්නකම් විතරයි කියල හිතුවොත්, හැම තිස්සෙම ආරක්ෂාවක් තියෙනවා. එතකොට හැම තිස්සෙම තමන් කල්පනාකාරී වෙනවා.

ඉතින් මේ නිසා තමයි පින්වත්නි, අපි කියන්නේ මේ කියන ලක්ෂණ ඇති කර ගැනීමේදී හැබෑ ගතිගුණ තමයි ඇති කරගන්න ඕන කියල. අපි ඇති කරගන්න ඕන හැබෑම ශ්‍රද්ධාවක්.

ශ්‍රද්ධා සම්පත්තිය අහිමි වුණොත් අපට එතන ඉඳලා ලෞකික වශයෙන් ධාර්මිකව ලබන අවංක සැපක් ඇද්ද, ඒවා සියල්ලම අහිමි වෙනවා. ඊළඟට ස්වර්ගයේ උපත, ඒ කියන්නේ දිව්‍ය ලෝකයේ යන්න තියෙනවා නම් අවස්ථාවක්, ඒක අහිමි වෙනවා. ඊළඟට මේ ගෞතම ශාසනය තුළ සතර අපායෙන් මිදෙන්න අවස්ථාවක් තියෙනවා නම් ඒකත් අහිමි වෙනවා. ඉතින්, මේවා ඔක්කෝම අපේ අතට හම්බවුණ දේවල්. ඒවා ආයේ ගිලිහිලා ගියොත් ඒක තමන්ගේ ජීවිතේට සිද්ධ වෙන විශාල හානියක්. මොකද හැමෝටම මේවා අතට හමුවෙන්නෙ නැහැනේ.

ක්ෂණ සම්පත ලද සුළු පිරිසෙනුත් නොගිලිහෙන්න

දැන්, ඔබම දන්නවා ඇති ලංකාවේ මොන තරම් ජනගහණයක් ඉන්නවද? නමුත් ගෞතම බුදුරජාණන් වහන්සේ සරණ යන්නේ කීයෙන් කී දෙනාද? ඊළඟට ගෞතම බුදුරජාණන් වහන්සේගේ ශාසනය තුළ පිහිට ලබාගන්න ඕන කියලා, හිතන්නේ කීයෙන් කී දෙනෙක්ද? දිව්‍ය ලෝකයේ යන්න ඕන කියල හිතල, මනුස්ස ලෝකයේ

අත්හැරල දිව්‍ය ලෝකයේ හිත පිහිටුවා ගන්නේ කීයෙන් කී දෙනාද? ඊළඟට ගෞතම බුදුරජාණන් වහන්සේගේ ශාසනය තුළ චතුරාර්ය සත්‍ය අවබෝධ කර ගන්න ඕන කියල හිතන්නේ කීයෙන් කී දෙනාද? ලොකු පිරිසක් නෑ. සුළු පිරිසයි ඉන්නේ. ඉතින් ඒ සුළු පිරිසත් ඉන්නේ ආරක්ෂාවක් ඇතිව නෙවෙයි. ඒ අයටත් ඕන වේලාවක තර්ක විතර්ක කරලා කරුණු කීවොත්, සමහර විට එයාලට ඒ වෙලාවට බුදුරජාණන් වහන්සේව සිහි කරගන්න බැරි වුණොත්, එයාලත් වෙනත් දෙයක් කරා යන්න පුළුවන් හානිය තියෙනවා. ඒ නිසා මේ අවස්ථාවල් හැම තිස්සේම ගිලිහෙන්න පුළුවන්. මොකද මේක ක්‍ෂණ සම්පත්තියක්. නුවණ නැත්නම් ඒ ක්ෂණය ගිලිහිලා යන්න පුළුවන්.

බුදුරජාණන් වහන්සේගේ ධර්මය ලැබීම, ඒ ධර්මය කෙරෙහි හිත පහදවා ගැනීම, ඊළඟට ශ්‍රද්ධාව ඇති වීම, ඊළඟට සිල් ආරක්ෂා කරන්න ලැබීම, මේ ධර්මය මොකක්ද කියලා තේරුම් ගන්න ලැබීම, මොනවද මේ ඔක්කොම? මේ ක්ෂණ සම්පත්තිය. එතකොට මේ ක්ෂණ සම්පත්තිය අපට කලිනුත් ජීවිතවල ලැබිලා තියෙන්න ඇති. නමුත් අපි ඒවා දන් දන්නෙ නෑ. සමහර විට අපට ඒවා අහිමි වෙලා තියෙනවා. සමහර විට ආයෙත් දුර්ලභ අවස්ථාවකයි මේ ක්ෂණ සම්පත්තිය ලැබෙන්නේ. ලැබුණට පස්සේ, ඒක මේ ජීවිතෙන් අහිමි වුණොත් ආයෙමත් අවස්ථාවක් ගැන කියන්න බෑ. ඒ නිසා මේ අවස්ථාව හොඳට තේරුම් ගන්න ඕන.

විනෝද වෙන හිස් ලෝකයක් පමණයි

මනුස්ස ලෝකේ නම් කිසිසේත්ම අනාගතේ ධර්මාවබෝධයට අවස්ථාවක් පැහැදිලිවම නෑ... නෑ... ම යි. මනුස්ස ලෝකේ ධර්මය ලබන්නට කිසිම අවස්ථාවක් නෑ

ඉස්සරහට. ඉස්සරහට තියෙන්නේ පිරිහීමක්මයි. මනුස්ස ලෝකේ ඉස්සරහට පුදුම විදිහට පිරිහෙනවා. පිරිහිලා, පිරිහිලා මේ ගුණ නැතිවෙලා, කාලා බීලා විනෝදෙන් ඉන්න ලෝකයක් විතරක්ම හැදෙනවා. එතකොට ඒ හැදෙන ලෝකේ තුළ ආර්ය සත්‍යය කතා කිරීමක් නැහැ. ඒක දැනටම විහිළුවක්නේ!

ඔබ අහලා ඇති බුදුරජාණන් වහන්සේගේ කාලේ ගොඩාක් ගම්වල මිනිස්සු නාන්න ගියාම කතා වෙනවා කියන්නේ සතර සතිපට්ඨානය. ඒකෙන් ඒ යුගයේ මිනිසුන් දියුණු කළ කල්පනා ශක්තියයි පැහැදිලි වෙන්නේ. ඒත්, ඒ යුගය අද අපට නෑ නෙ! දැන් ඔබ කායානුපස්සනාව, වේදනානුපස්සනාව, චිත්තානුපස්සනාව වඩනවද? දැන් ගෙදරවත් අපිට ධර්මය කතා කරන්න අමාරුයි. යාළු මිත්‍රයන් එක්ක කතා කරන්න අමාරුයි. කොටින්ම කිව්වොත් බණ මඩුවේ කතා කරන්නත් අමාරුයි. ඒ මට්ටමට පත්වෙලා තියෙන්නේ. අනිත් ඕන එකක් කතා කරන්න පුළුවන්. කවි බණ, නැටුම්, කරාටේ පංති, ඒ ඕන එකක් පුළුවන්. ඒවායේ කිසි ප්‍රශ්නයක් නෑ. බුද්ධ දේශනා කතා කරන්න ගියොත් අමාරුයි. චතුරාර්ය සත්‍යය කතා කිරීම හැමතැනම අහිමි වෙලා තියෙනවා.

සේඛ බල ගැන අහන්නවත් ලැබෙන අවසාන අවස්ථාවයි

මේ නිසා මතක තියාගන්න පින්වත්නි, අනාගතයට මනුෂ්‍යයාට කිසිම අවස්ථාවක් නෑ. ඒ අවස්ථාව තියෙන්නේ මේ සුළු කාලපරිච්ඡේදයේ විතරයි. අනාගතයට කිසිම අවස්ථාවක් අපට නැති බව තේරුම් අරගෙන, ගෞතම බුදුරජාණන් වහන්සේ සරණ යෑම, ගෞතම බුදුරජාණන්

වහන්සේගේ ශාසනය තුළ පංචශීලය සමාදන් වෙලා ආරක්ෂා කිරීම, ගෞතම බුදුරජාණන් වහන්සේ වදාළ චතුරාර්ය සත්‍යය ඉගෙන ගැනීම, ගෞතම බුදුරජාණන් වහන්සේ වදාළ පටිච්ච සමුප්පාදය ඉගෙන ගැනීම, ඊළඟට ගෞතම බුදුරජාණන් වහන්සේ වදාළ සේඛ බල ධර්ම වන ශ්‍රද්ධා, සීල, සුත, ත්‍යාග, ප්‍රඥා ඇති කර ගැනීම කරගත යුතුමයි. බුදුරජාණන් වහන්සේ ගුණ වශයෙන් අදහා ගැනීම, සීලය, ධර්ම ඤාණය, ත්‍යාගය, ප්‍රඥාව කියන මේ සේඛ බලයන් මේ ජීවිතයේදී ම ඇති කර ගන්න ඕන.

මේවා ඔක්කොම මේ ජීවිතයේදී කරගන්න ටිකක් විතරක් බව හොඳට මතක තියාගන්න. මේ ජීවිතයේ සේඛබල ඇති කරගෙන, දෙවියන් අතර උපදින්න ලැබුණොත්, ආයෙම ධර්මය දියුණු කරගැනීමේ අවස්ථාව ලැබෙනවා. ආයෙත් වතාවක් මනුෂ්‍ය ලෝකයට ආවොත් නම් ඒක අහිමි වෙනවා. මොකද මනුෂ්‍ය ලෝකයේදී මේ වැඩපිළිවෙල තව කොච්චර කාලයක් තියෙයිද කියලා අපිට කියන්න බෑ.

ආරක්ෂාවීම ඔබ සතුයි

ඉතින් මේවා හඳුනාගෙන මොළේ පාවිච්චි කරලා නුවණ ඇතිකරගෙන, හොඳට සිහිය දියුණු කරගෙන, මේ ජීවිතේ කොහොම හරි පිහිටක් ලබාගන්න ඕන කියන අවබෝධය ඇති කරගන්න ඕන. ඒක ඇති කරගෙන, මේ ජීවිතෙන් චුතවෙලා ඔබ තුසිත දිව්‍ය ලෝකයේ ඉපදුණොත් ඔබට පැහැදිලි ආරක්ෂාවක් තියෙනවා. කොහොමත් චාතුම්මහාරාජිකයේ උපන්නත් කරගන්න පුළුවන් වෙයි කියලා හිතෙනවා. තාවතිංසය, යාමය, තුසිතය, නිම්මාණරතිය, පරනිම්මිත වසවර්තිය කියන කොයි දිව්‍ය

ලෝකයකට ගියත්, සේඛ බල තියෙන නිසා, ධර්මය තුළ ආරක්ෂාවක් තියෙනවා. බුද්ධ දේශනාව ඔබේ ආරක්ෂාව පෙන්නලා තියෙනවා. ආරක්ෂාවීම ඔබ සතුයි.

සමාධියක් හොඳට පුරුදු කළොත් තවත් සැපයන් කරා...

සමහර විට මේ ජීවිතේ සමාධියක් හොඳට පුරුදු කරගත්තු කෙනෙක් නම් බ්‍රහ්ම ලෝකයටත් යයි. ඒ හැමතැනකම මේ ජීවිතයේදී පුරුදු කරගත්තු ගුණධර්ම දියුණු කර ගන්න අවස්ථාවක් තියෙනවා. ඒක පැහැදිලිවම බුද්ධ දේශනාවේ තියෙනවා. ඒ අවස්ථාව තියෙන බව බුදුරජාණන් වහන්සේ පැහැදිලිවම දේශනා කරනවා.

හැබැයි, මනුෂ්‍ය ලෝකයේ නම් ඉස්සරහට කිසිම අවස්ථාවක් නෑ. ඒක ඉතාම පැහැදිලියි. ඔබ මේ ලබන දේ ඔබේ දරුවන්ට ලැබෙයි කියලා විශ්වාස කරන්න එපා! මොකද එහෙමවත් අවස්ථාවක් හිතන්න බෑ තියෙයි කියලා. සමහර විට ඔබේ දෙමාපියන්ට මේ අවස්ථාව ලැබුණේ නෑ. ඔබේ ආච්චිලා සීයලට ලැබුණේ නෑ. මුතුන් මිත්තන්ට ලැබුණේ නෑ.

ඊළඟට ඔබ ආස ඇති, චතුරාර්ය සත්‍යය ධර්මය ඔබේ දරුවන්ට ලබාදෙන්න. නමුත් විශ්වාස කරන්න බෑ දරුවන්ටවත් ලැබෙයි කියලා. ඒ තරම් ම වේගයෙන් බුදුරජාණන් වහන්සේගේ ධර්මයට තියෙන ඉඩකඩ ලෝකයේ අඩුවේගෙන යනවා. ඉතින් ඒක අපි හොඳට තේරුම් අරන් ඉන්න ඕන.

බුද්ධ කාලයකත් බලපෑම් කළා

ගෞතම බුදුරජාණන් වහන්සේගේ ශාසනය

තුළ ධර්මය අවබෝධ කරනවා කියන කතාවට විශාල අකමැත්තක් තියෙනවා මාර සේනාව තුළ. ඉතින් ඒ මාර සේනාව මිනිසුන්ට වැහෙනවා. මිනිසුන්ට වැහිලා බනින්න සලස්වනවා. මාරතජ්ජනීය සූත්‍රයේ තියෙනවා කකුසඳ බුදුරජාණන් වහන්සේගේ කාලේ, මාර සේනාව ඒ ගම්වල මිනිසුන්ට වැහෙනවා. වැහිලා බුදුරජාණන් වහන්සේගේ ශ්‍රාවකයෝ පිණ්ඩපාතේ යනකොට මිනිසුන් ලවා හොඳටම ඒ ස්වාමීන් වහන්සේලාට බනින්න සලසනවා. එතකොට ඒ, බනින, බනින මිනිස්සු අපාගත වෙනවා.

කකුසඳ බුදුරජාණන් වහන්සේ ශ්‍රාවක පිරිසට කිව්වා, "මහණෙනි, දැන් මාරයා විසින් මිනිසුන්ට වැහිලා දොස් කියවනවා. මේ බනින බනින මිනිස්සු අපාගත වෙනවා. ඔබ මේකට හිත නරක් කර ගන්න එපා. ඔබ පුළුවන් තරම් මෛත්‍රිය වඩන්න" කියලා. ඉතින් මෛත්‍රිය වඩල ඒකෙන් බේරුණා. ඊට පස්සෙ මාරය බැලුවා, "දැන් මේගොල්ලන්ට බැනලා හරියන්නේ නෑ. දැන් මෙයාලට සලකන්න ගන්න ඕන" කියලා. එතකොට මිනිසුන්ව ඒකට පෙළඹෙව්වා. දැන් මිනිස්සු බැනිල්ල නවත්තලා හොඳට දන් දෙන්න පටන් ගත්තා. සලකන්නට පටන් ගත්තා. එතකොට කකුසඳ බුදුරජාණන් වහන්සේ ශ්‍රාවකයින්ට කියනවා. "මහණෙනි, දැන් මාරයා අර පළවෙනි එක අසාර්ථක වෙලා, දෙවෙනි එක පටන් ගත්තා. ඒ නිසා මේ විදිහට සලකද්දි, ඔබ ආසා කළොත්, ඔබ ඒකට අහුවෙනවා. දැන් ඉතින් ඔබට පුළුවන් තරම් අනිත්‍ය වඩන්න" කියලා. මාරයාගේ දෙවෙනි ක්‍රමයත් අසාර්ථක වුණා. ඊට පස්සේ තමයි මාරයා ළමයෙකුට වැහිලා අග්‍ර ශ්‍රාවකයන් වහන්සේගේ හිසට ගලකින් ගැහුවේ.

ලද දුලභ අවස්ථාවෙන් ප්‍රයෝජන ගන්න

ලෝකයේ බලවත්ව තියෙන දෙයක් මේ මාරාවේශය. ඒ නිසා අවස්ථාවක් හිතන්න බෑ අහලකවත් තියෙයි කියලා. සාමාන්‍යයෙන් මේ අවුරුදු කීපය තුළ මේ ඇහෙන දේ නැවත නැවත දිගින් දිගට කාලාන්තරයකට අහනවා කියල නම් හිතන්න එපා. එහෙම විශ්වාස කරන්නත් එපා. එහෙම එකක් සිද්ධ වෙන්නෙ නෑ. බුද්ධ දේශනාව හැර වෙනත් මගක් අද නැහැ. මේ බුද්ධ දේශනා ඉස්මතු වීම බොහෝම දුර්ලභයි. ඒ නිසා බුදුරජාණන් වහන්සේගේ ධර්මය ඔබ අහලා හොඳින් දරාගන්න ඕන.

එතකොට ඒ පත්තකම්ම සූත්‍රයෙන් විස්තර කළේ, මේ ගිහි ජීවිතය ගත කරන කෙනෙක් ධාර්මිකව, සැපවත්ව ජීවත් වෙලා, මරණින් මත්තේ දෙව්ලොව උපදින්න පාර හරිගස්ස ගන්නා ආකාරයයි. මේ දේශනාවල් දරාගෙන, ඒ පෙන්නපු ආකාරයට ම පුරුදු කරන්න ඕන. දෙවියන් අතරින්, මේ ගෞතම බුදු සසුනෙම දුක නිමා කරන්න පුළුවන්. ඒ සඳහා මේ දේශනාවල් මිසක් අපට වෙන පිළිසරණක් නෑ.

අපට වෙන ශාසනයක් නෑ. අපට තියෙන්නේ එක ශාසනයයි. මොකක්ද ඒ? ගෞතම බුද්ධ ශාසනය විතරයි. අපට භික්ෂු ශාසනයකුත් නෑ. භික්ෂුණී ශාසනයකුත් නෑ. තියෙන්නේ ගෞතම බුද්ධ ශාසනය විතරයි. ගෞතම බුද්ධ ශාසනයේ ඉන්නවා සංඝයා. උභතෝ සංඝයා කියලා ඉන්නවා භික්ඛු සංඝ සහ භික්ඛුණී සංඝ. ගෞතම බුද්ධ ශාසනයේ ඉන්නවා සිව්වණක් පිරිස. ඒ තමයි භික්ෂු, භික්ෂුණී, උපාසක, උපාසිකා, කියන පිරිස. එහෙම මිසක් වෙන ශාසනයක් නෑ.

ඉතින් මේවා හොඳට හඳුනාගන්න ඕන. හොඳට තේරුම් ගන්න ඕන. තේරුම් අරගෙන ශ්‍රද්ධා සම්පත්තිය ඇති කරගෙන, සීල සම්පත්තිය ඇති කරගෙන, ත්‍යාග සම්පත්තිය ඇති කරගෙන, ප්‍රඥා සම්පත්තිය ඇති කරගෙන, මේ ජීවිතය වාසනාවන්ත කරගෙන, මරණින් මතු දෙවියන් අතර ඉපදිලා, ඔබට මේ ගෞතම බුද්ධ ශාසනය තුළ උතුම් චතුරාර්ය සත්‍ය, ධර්මය අවබෝධ කරගන්න වාසනාව ලැබේවා!

සාදු! සාදු!! සාදු!!!

❀ ❀ ❀

මහාමේඝ ප්‍රකාශන

www.ingramcontent.com/pod-product-compliance
Lightning Source LLC
Chambersburg PA
CBHW070521030426
42337CB00016B/2055
* 9 7 8 9 5 5 8 8 6 5 8 4 2 *